가장 체계적으로 · 직관적으로 · 수험적합적으로

황철곤 행정학
포켓 암기노트

Intro
머리말

우리가 학습하는 교재에는 수많은 문장들과 단어들이 담겨 있습니다. 즉, 교재를 구성하는 콘텐츠는 주로 텍스트가 되지요. 이 텍스트들을 충분히 이해하고 암기해야 수험행정학에서 좋은 결과를 얻을 수 있습니다.

하지만 텍스트라는 것은 본질적으로 입체적이지는 않습니다. 따라서 텍스트만으로는 라이벌 개념들이 어떻게 경쟁하는지, 수많은 모형들이 어떤 관계도를 형성하는지, 법령에 규정된 제도가 어떤 체계를 갖고 있는지 파악하기가 쉽지 않습니다.

그렇기 때문에 강의에서는 텍스트에 대한 이해와 암기를 도와줄 수 있는 다른 형태의 도구들이 필요합니다. 제가 강의를 할 때 시각적이고 도식화된 PPT 자료들을 다양하게 활용하는 이유가 여기에 있습니다.

'황철곤 행정학 포켓 강의노트'에서는 실제 강의 때 사용하는 PPT 자료들을 그대로 구현했습니다. 입체적으로 배치된 도형, 구조, 아이콘 등이 강의 수강 및 학습에 많은 도움을 줄 것입니다. 포켓 사이즈이기 때문에 휴대성과 활용성도 훌륭할 것입니다.

본래 출간 계획이 없었던 교재가 수강생 분들의 지속적인 요청으로 빛을 보게 되었습니다. 오늘도 합격을 향한 힘찬 발걸음을 내딛고 있을 수강생 분들에게 감사와 응원의 말씀을 전합니다.

황철곤 드림

Structure

구성과 특징

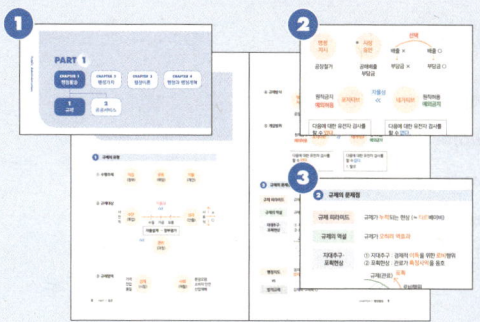

1. 한 눈에 들어오는 차례

행정학 각 파트와 하위 체계의 구분을 전체적으로 드러내어 학습 내용을 큰 그림으로 우선 파악하고 세부 내용이 해당 파트의 어느 부분에 위치하는지 학습자가 항상 인지할 수 있도록 구성하였습니다. 전체와 부분을 연계시키며 이해하는 데 도움이 될 것입니다.

2. 이론의 흐름에 따른 배치

단순한 내용의 나열이 아닌, 개념 및 이론의 흐름에 대해 자연스럽게 이해가 가능하도록 체계적인 순서로 구성하였습니다. 각 이론을 개별적으로 익히는 것이 아니라, 전체적인 흐름에 따라 각 개념 간의 연결에 대해서 쉽게 이해하는 데 도움이 될 것입니다.

3. 직관적인 개념 도식화

행정학 개념 및 이론의 상관관계, 각 개념의 위계를 직관적으로 파악할 수 있도록 그림으로 구조화하였습니다. 적절한 사례, 아이콘, 암기 두문자 등과 함께 도식화된 이미지로 자연스럽게 각인되어 교재의 텍스트를 온전히 학습자의 것으로 만드는 데 큰 힘을 발휘할 것입니다.

Contents
차례

PART 1 총론

Chapter 1 행정활동 — 008
Chapter 2 행정가치 — 015
Chapter 3 행정이론 — 020
Chapter 4 행정과 행정개혁 — 044

PART 2 정책

Chapter 1 유형&참여자 — 048
Chapter 2 의제설정 — 056
Chapter 3 정책결정 — 058
Chapter 4 정책집행 — 068
Chapter 5 정책평가 — 071
Chapter 6 정책변동 — 078

PART 3 조직

Chapter 1 조직구조 — 082
Chapter 2 조직과 사람 관리 — 091
Chapter 3 우리나라 정부조직 — 102

PART 4 인사

Chapter 1　공무원 분류 — 110
Chapter 2　공무원 임용 — 115
Chapter 3　공무원 관리 — 119
Chapter 4　공무원 통제 — 130

PART 5 재무

Chapter 1　예산제도 — 142
Chapter 2　예산이론 — 159

PART 6 지방

Chapter 1　지방자시 개관 — 164
Chapter 2　자치단체구역 — 169
Chapter 3　자치권 — 170
Chapter 4　주민참여 — 184

PART 1

총론

PART 1

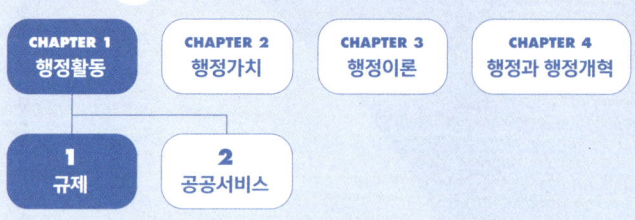

1 규제의 유형

① 수행주체

    직접 (정부)   **공동** (위임)   **자율** (개인)

② 규제대상

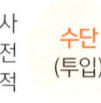

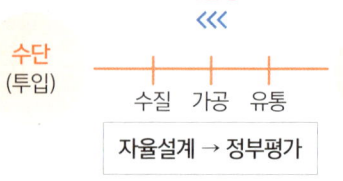

③ 규제영역

가격 / 진입 / 품질   **경제** (시장)   **사회** (역할)   환경오염 / 소비자 안전 / 산업재해

④ 규제방식

- **명령지시** — 공장철거
- **시장유인** — 공해배출부담금
- **선택**: 배출 × → 부담금 × / 배출 ○ → 부담금 ○

⑤ 개입범위

원칙금지 **예외허용** — **포지티브** ≪ **자율성** ≫ **네거티브** — 원칙허용 **예외금지**

다음에 대한 유전자 검사를 할 수 **있다**.	다음에 대한 유전자 검사를 할 수 **없다**.
1. 탈모	1. 탈모

2 규제의 문제점

규제 피라미드
규제가 누적되는 현상 (≒ 타르베이비)

규제의 역설
규제가 오히려 역효과

지대추구·포획현상
① 지대추구 : 경제적 이득을 위한 로비행위
② 포획현상 : 관료가 특정사익을 옹호

규제(관료) — **포획**
지대 → 로비행위 (지대추구)

행정지도
임의적 협력 요청 → 법적 구속력 ×
법치주의 침해, 책임 불분명, 구제수단 미흡

VS

법적규제
강제력·구속력 ○

3 윌슨의 규제정치이론

		편익	
		분산	집중
비용	분산	대중정치 (음란물규제)	고객정치 (수입규제)
	집중	기업가정치 (환경오염규제)	이익집단정치 (의약분업)

4 규제개혁

불합리한 규제개선을 위한 체계적 개입

규제 완화 → 규제 품질관리 → 규제 관리

총량 감소   개별·질적   체계 전반

행정규제기본법

목적	불필요한 행정규제를 폐지하고 비효율적인 행정규제의 신설을 억제함을 목적으로 한다.
규제 법정주의	규제는 법률에 근거하여야 한다.
규제 영향분석	중앙행정기관의 장은 규제를 신설하거나 강화하려면 규제영향분석을 하여야 한다.
규제개혁 위원회	대통령 소속으로 규제개혁위원회를 둔다. 위원회의 위원장은 2명으로 구성한다.

PART 1

- CHAPTER 1 행정활동
  - 1 규제
  - 2 공공서비스
- CHAPTER 2 행정가치
- CHAPTER 3 행정이론
- CHAPTER 4 행정과 행정개혁

1 사바스(Savas)의 공공서비스 유형

• 공공서비스 제공방식의 유형

	경합성	비경합성
배제성	**시장재** (음식점, 택시, 교육) 사회적 약자	**요금재** (전기, 통신, 수도) 자연독점
비배제성	**공유재** (공동목초지) 공유지의 비극	**공공재** (치안, 공기) 무임승차, 과소공급

공공재의 무임승차현상

배제성 × → 무임승차
경합성 ×   ↓
        과소공급

자연독점

대규모 인프라 → 대량 생산 → 생산 단가 절감(규모의 경제) → 자연독점

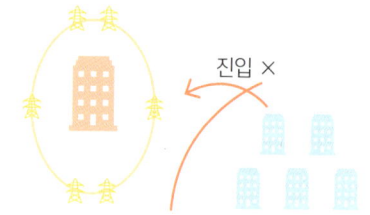

진입 ×

공유지의 비극

개인의 합리성이 자원고갈 초래
(부정적 외부효과)

↓

집단의 합리성과 충돌

↓

문제해결: 정부 / 시장 / 공동체

외부효과

영향 $\begin{pmatrix} 의도 \times \\ 고려 \times \end{pmatrix}$ — 이익 → 긍정적
— 손해 → 부정적

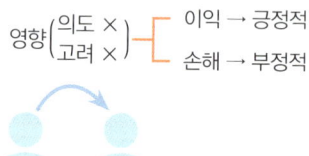

외부효과의 내부화

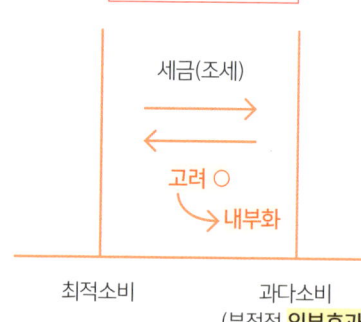

세금(조세)

고려 ○
↘ 내부화

최적소비   과다소비
(부정적 **외부효과**)
↘ **고려 ×**

2 공공서비스 민간위탁

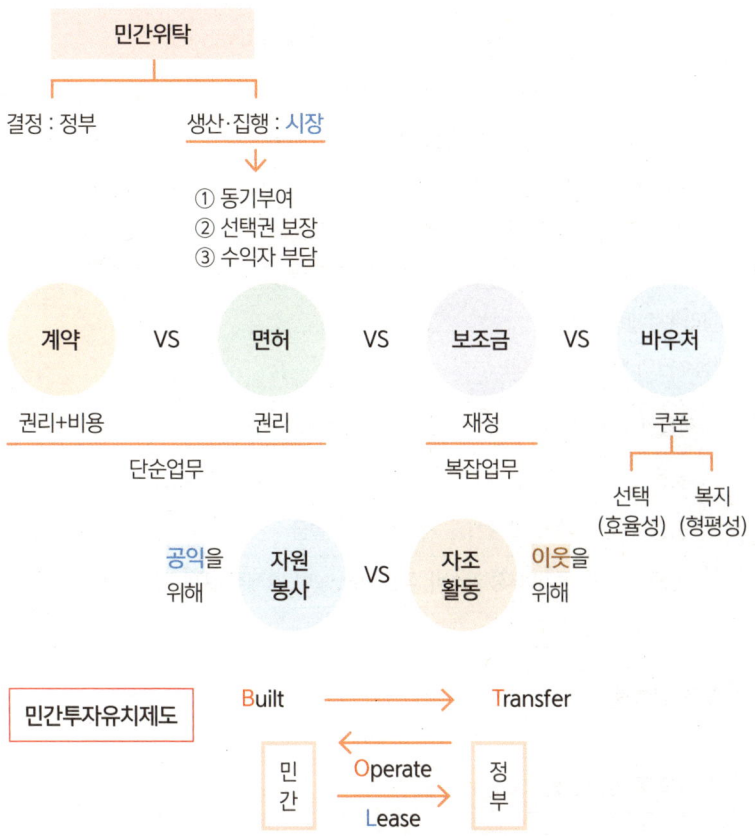

① 사바스(Savas)
- 공공서비스 제공방식의 유형

집행 \ 결정		배열자(arranger)	
		공공	민간
생산자 (producer)	공공	정부서비스, 정부간 협약	정부응찰
	민간	민간위탁, 프랜차이즈, 보조금, 임대형 민자사업	시장, 바우처, 자발적 서비스, 자급자족

② 살라몬(Salamon)
- 행정수단의 직접성 및 효과

직접성	행정수단
낮음	보조금, 바우처, 대출보증, 정부출자기업, 손해책임법
중간	계약, 조세지출, 사회적 규제, 벌금
높음	공기업, 정부 소비, 직접 대출, 보험, 경제적 규제, 정보 제공

3 민원행정

민원 처리에 관한 법률

민원의 종류	법정민원, 질의민원, 건의민원, 고충민원, 기타민원, 복합민원, 다수인관련민원
민원인의 범위	개인, 법인, 단체 행정기관 제외(사경제의 주체로서 제기→ 가능)
민원처리 및 예외	문서(원칙) → 접수 보류·거부 불가 민원 처리 예외 : 국가 기밀, 소송 중, 사생활 등
민원인 배려제도	사전심사 청구, 복합민원 처리, 1회방문 처리제, 민원후견인, 민원조정위원회

PART 1

- CHAPTER 1 행정활동
- **CHAPTER 2 행정가치**
- CHAPTER 3 행정이론
- CHAPTER 4 행정과 행정개혁

⓪ 행정가치의 구분

본질적 가치	수단적 가치
공익, 정의 형평, 자유 평등, 복지	능률성, 합리성 민주성, 합법성 효과성, 책임성 투명성, 가외성

① 본질적 가치

(1) 공익

실체설	관료역할 >>>	과정설
공익 > 사익+사익 도덕, 정의 집단주의		공익 = 사익+사익 조정, 타협, 절차 다원주의
개인 이익은? 실체?		조정과 타협 가능? 혁신 추구?

(2) 롤스의 정의론

			최소수혜자	
A	15	15	0	공리주의
B	14	14	2	A = B = C
C	13	13	4	정의론 A < B < C

전제 — 원칙 도출 → 구성원 합의 / 무지의 베일 → 원초적 상태 → **공정한 원칙**

원칙
- 1 기본적 자유의 평등
- 2 차등조정
  - 2-1 기회의 균등
  - 2-2 차등 → **최소극대화** → **사회적 형평성**

평가 자유+평등, 공리주의 비판

(3) 형평성

수평적 형평	VS	수직적 형평
같은 것은 같게		다른 것은 다르게
↑		↑
시험기회의 균등	**실적주의**	점수에 따른 차이

(4) 자유와 평등

소극적 자유	VS	적극적 자유
억압의 배제		국가의 개입

형식적 평등	VS	결과적 평등
동등한 기회		부당한 불평등 시정

2 수단적 가치

(1) 합리성 : 목표 달성을 위한 최선의 대안 선택

사이먼(Simon)

실질적 합리성	VS	절차적 합리성
최선의 대안		만족할 정도의 대안

디징(Diesing)

정치적 합리성 (참여)	기술적 합리성 (수단)	경제적 합리성 (비교/선택)	법적 합리성 (합법)	사회적 합리성 (조화)

(2) **능률성** : 투입 대비 산출 = $\dfrac{산출}{투입}$ → 파레토 최적

　　　　　　사이먼(Simon)　　　　　　　　디목(Dimock)

　　　　　　기계적 능률성　　VS　　**사회적 능률성**

　　　　　　객관적 계량화　　　　　　　인간적 가치 고려

(3) **효과성** : 목표달성도 = $\dfrac{산출}{목표}$　　VS 능률성 $\dfrac{산출}{투입}$

(4) **민주성** : 국민 의사의 존중

　　　　　　대외적 민주성　　VS　　**대내적 민주성**

　　　　　　국민 대응성　　　　　　　　조직원 참여

(5) **합법성** : 법치행정

　　　　　　소극적 합법성　　VS　　**적극적 합법성**

　　　　　　국가권력 최소화　　　　　　생존권 보장
　　　　　　법률에 의한 행정　　　　　　국민을 위한 봉사

(6) 가외성 : 여분과 중복(란다우)

| 안정성, 창의성
신뢰성, 대응성 | VS | 효율성 저해
기능충돌 발생 |

혼합 — 중첩성
독립 — 중복성
보조기관 — 동등, 잠재력

(7) 투명성

공공기관의 정보공개에 관한 법률

공개청구 공개결정	청구 : 모든 국민(외국인 가능) 결정 : 10일 이내 + 10일 연장
비공개 부분공개	비공개 : 국가안전, 진행 중 재판, 사생활 등 부분공개 : 비공개 제외 부분공개 의무
불복 구제절차	이의신청, 행정심판, 행정소송 제3자 권리보호 : 통지 및 비공개 요청
정보공개 관련기관	정보공개심의회 : 각 기관 / 행정안전부 : 제도 총괄 정보공개위원회(행정안전부장관 소속) : 주요사항 심의

PART 1

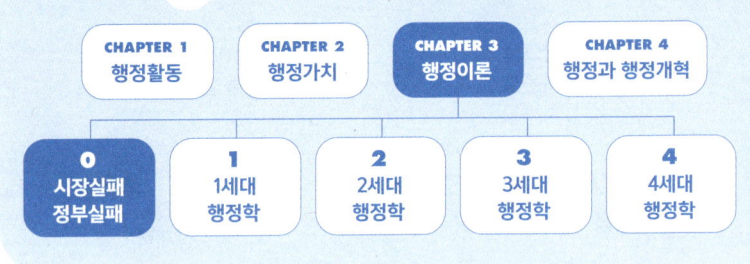

⓪ 시장실패와 정부실패

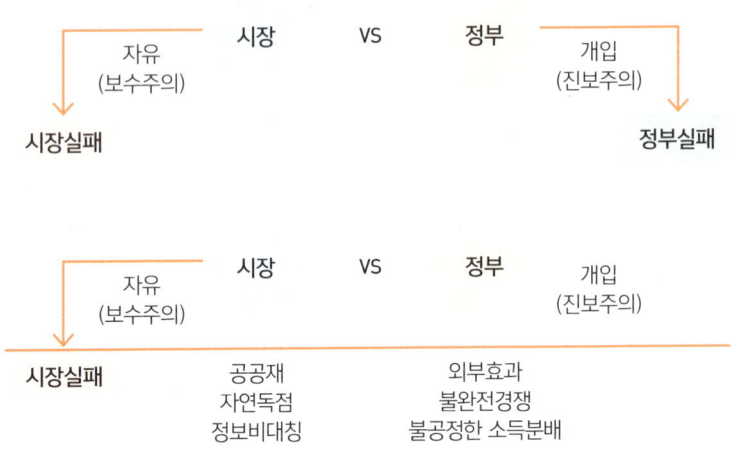

① 시장실패

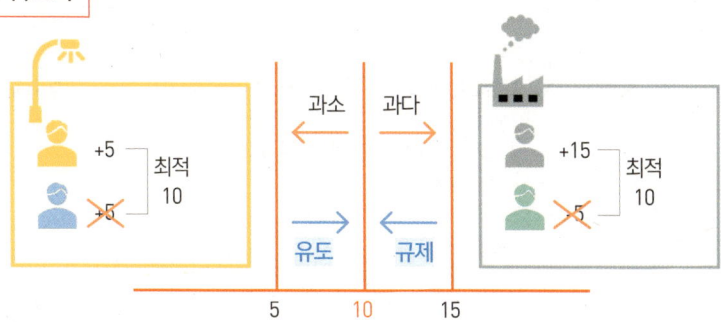

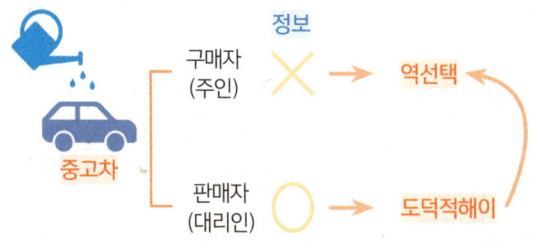

- 시장실패 대응방안

	공적 공급	공적 유도	정부 규제
공공재	○		
외부효과		○ (긍정적)	○ (부정적)
자연독점	○		○
불완전경쟁			○
정보비대칭		○	○

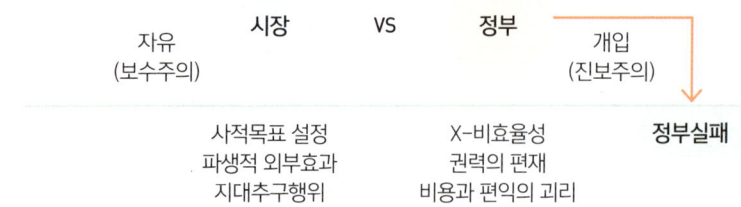

② 정부실패

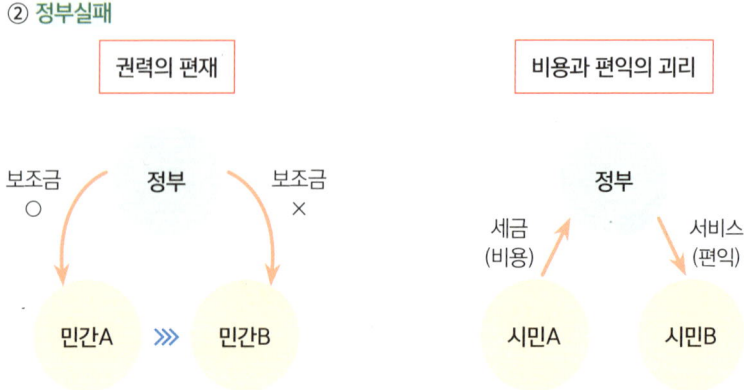

• 정부실패 대응방안

	민영화	정부보조 삭감	규제 완화
사적목표의 설정	○		
X-비효율성	○	○	○
파생적 외부효과		○	○
권력의 편재	○		○

③ 정부규모이론

축소
① 의존효과 : 광고 의존
② 조세저항 : 비용과 편익의 괴리
③ 합리적 무지 : 공공서비스 필요성 공감 ×

팽창
① 파킨슨 법칙 : 공무원↑ (부하배증, 업무배증)
② 와그너 법칙 : 1인당 소득 ↑
③ 전위효과 : 위기시 공공 > 민간
④ 예산극대화 가설 : 예산↑ ⇒ 권력↑
⑤ 리바이어던 : 정부목표는 이익극대화
⑥ 보몰병 : 노동집약적 성격 ⇒ 생산성↓

파킨슨 법칙

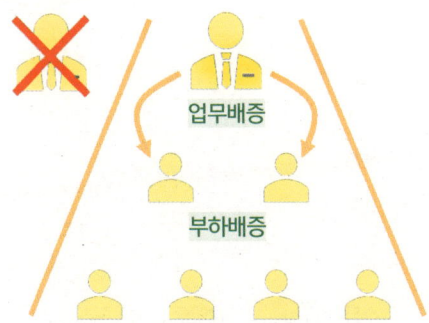

PART 1

- **CHAPTER 1** 행정활동
- **CHAPTER 2** 행정가치
- **CHAPTER 3** 행정이론
- **CHAPTER 4** 행정과 행정개혁

0 시장실패 정부실패
1 1세대 행정학
2 2세대 행정학
3 3세대 행정학
4 4세대 행정학

행정 탄생(1887) 이전

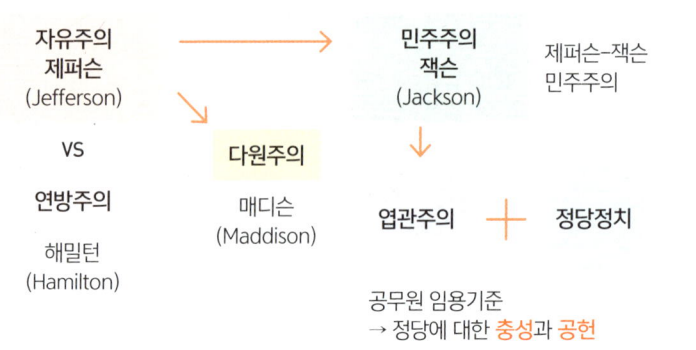

엽관주의

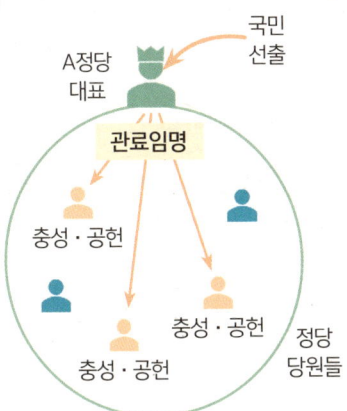

1887~1930 : 1세대 행정학

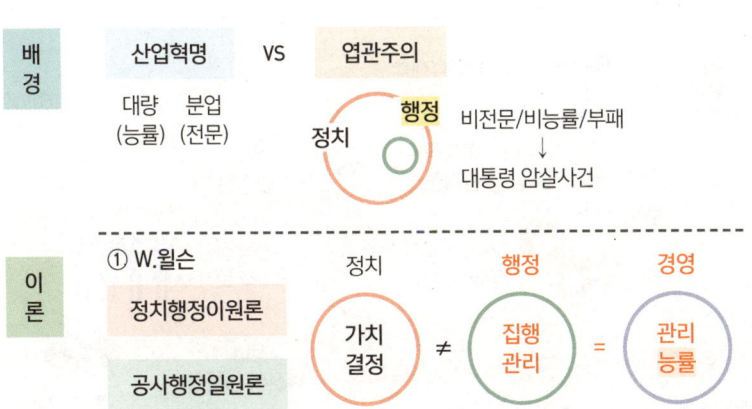

| | → | **정치행정 이원론** (W.윌슨) | 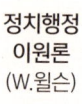 ≠ =  |

과학적 관리론 (테일러)

↘ **행정 관리학파** (귤릭) **조직설계원칙** 부성화 명령통일 통솔범위   **최고관리자 핵심업무** POSDCoRB

유일최선원칙

이론 ④ 메이요 **인간관계론**

| 과학적 관리론 | VS | 인간 관계론 |

기계적 조직 경제적 보상   비공식 집단 심리적 보상

But, 여전히 능률성

PART 1

- CHAPTER 1 행정활동
- CHAPTER 2 행정가치
- **CHAPTER 3 행정이론**
- CHAPTER 4 행정과 행정개혁

  - 0 시장실패 정부실패
  - 1 1세대 행정학
  - **2 2세대 행정학**
  - 3 3세대 행정학
  - 4 4세대 행정학

1930~1970 : 2세대 행정학

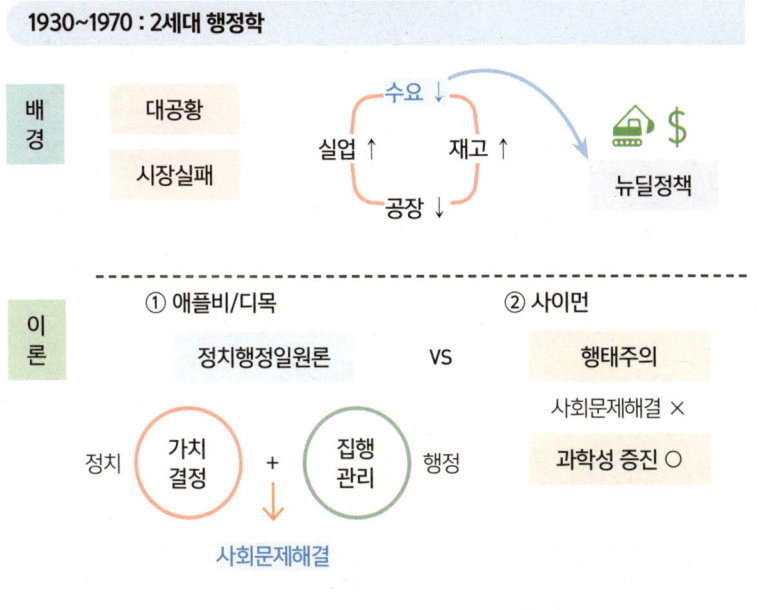

CHAPTER 3 행정이론

이론	② 사이먼　　행태주의

배경	전쟁과 복구 (1940~1950)	사회문제 폭발 (1960년대) 인종/빈부/반전	→	위대한 사회 (존슨)

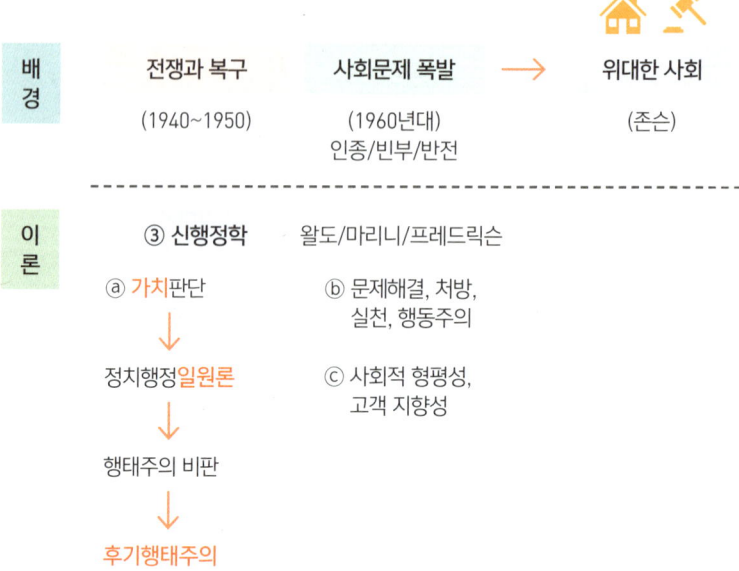

PART 1

- **CHAPTER 1** 행정활동
- **CHAPTER 2** 행정가치
- **CHAPTER 3** 행정이론
- **CHAPTER 4** 행정과 행정개혁

CHAPTER 3 하위:
- **0** 시장실패 정부실패
- **1** 1세대 행정학
- **2** 2세대 행정학
- **3** 3세대 행정학
- **4** 4세대 행정학

1970~1990 : 3세대 행정학

배경

| 석유파동 | 재정적자 | → | 정부 실패 |

- 시장↑ 신자유주의
- 정부↓

-- 효율

이론

① **신공공관리론** : 시장주의 + 신관리주의

- ⓐ **정부역할 ↓**
  노젓기 말고 방향잡기
- ⓑ **성과관리**
  자율과 책임, 경쟁과 평가
- ⓒ **고객지향**
  수요자 중심

But, 공공성은? / 성과측정? / 시민이 고객?

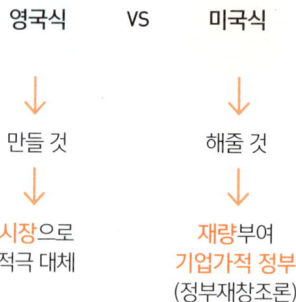

미국식 신공공관리의 흐름

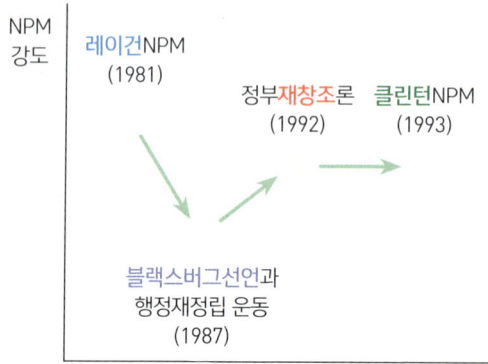

| 이론 | ② 공공선택론 |

| 기존 관료제 |

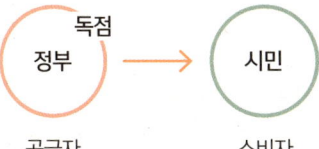

| 공공선택론 |

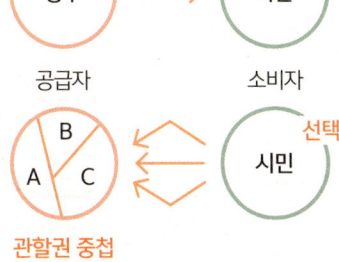

| 평가 | ① 정치적 문제의 경제학적 연구
② 분석대상 : 합리적 개인
③ 국가역할의 최소화 |

| 한계 | ① 합리적 개인?
② 개인의 기득권 유지에 불과
③ 시장실패 |

Ⓐ 예산극대화 모형(니스카넨)

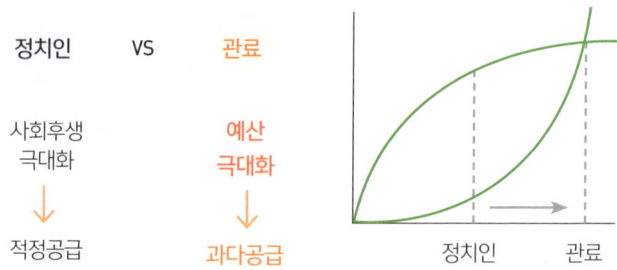

정치인	VS	관료
사회후생 극대화		예산 극대화
↓		↓
적정공급		과다공급

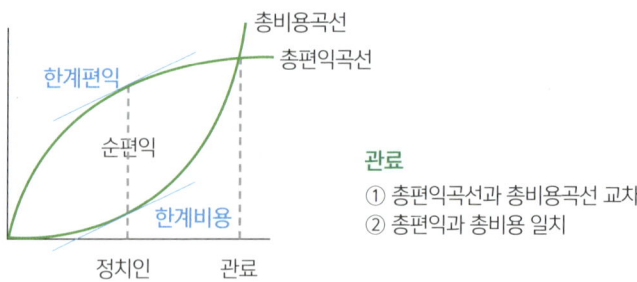

관료
① 총편익곡선과 총비용곡선 교차
② 총편익과 총비용 일치

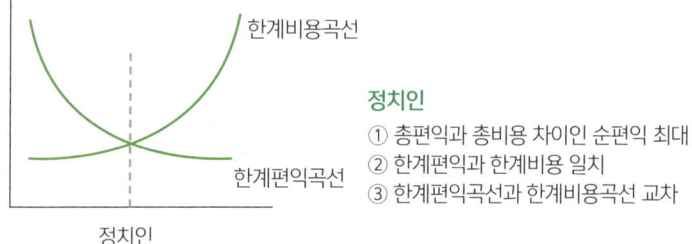

정치인
① 총편익과 총비용 차이인 순편익 최대
② 한계편익과 한계비용 일치
③ 한계편익곡선과 한계비용곡선 교차

Ⓑ 관청형성 모형(던리비)

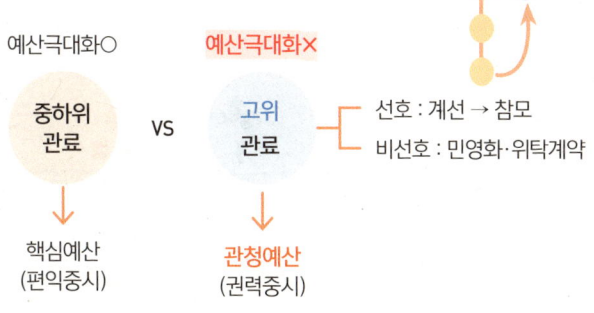

예산극대화○ vs 예산극대화✕

중하위 관료 → 핵심예산 (편익중시)

고위 관료 → 관청예산 (권력중시)
- 선호 : 계선 → 참모
- 비선호 : 민영화·위탁계약

Ⓒ 티부모형 : 발로 하는 투표

분권화 → 효율성

Ⓓ 애로우의 불가능성 정리

투표의 공정성 조건
① 비제한성
② 이행성
③ 비독재성
④ 만장일치의 원칙
⑤ 무관한 대안에서의 독립

→ 불가능

CHAPTER 3 행정이론

이론

③ 신제도주의

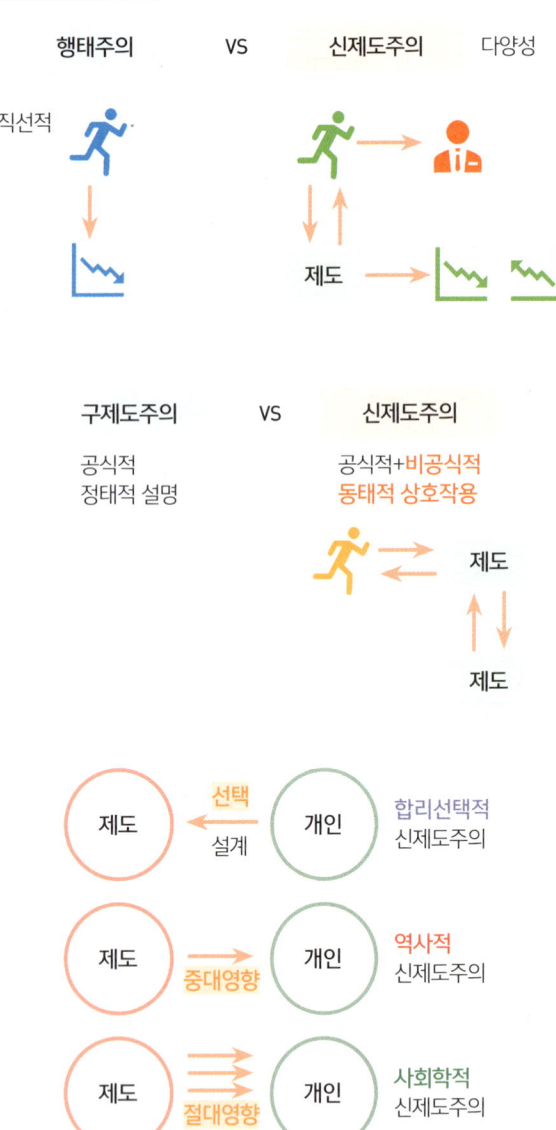

역사적	사회학적	합리선택적
공식>비공식	공식<비공식	공식>비공식
선호 : 내생성	선호 : 내생성	선호 : 외생성
경로의존성 (역사적 맥락)	동형화, 배태성 (사회적 정당성)	의도적 설계 (집단행동의 딜레마해결)
전체주의	전체주의	개체주의
종단면적	횡단면적	연역적
제도결정론	제도결정론	권력/문화 무관심

④ 주인-대리인 이론

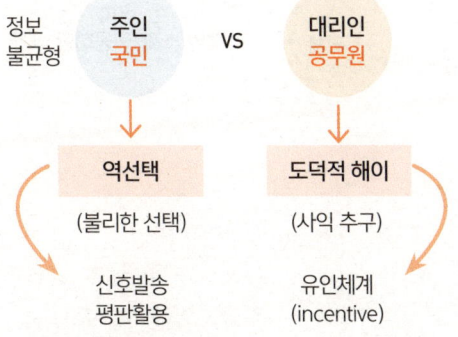

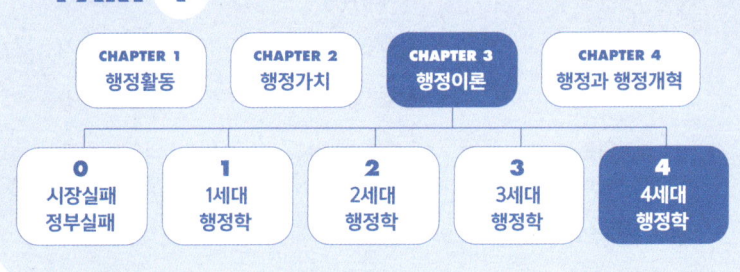

1990~ : 4세대 행정학

배경

다원화

세계화, 민주화
지방화, 정보화

신공공관리론 한계

→ 협력, 봉사, 시민사회

이론

① 뉴거버넌스 : 새로운 국정운영 방식

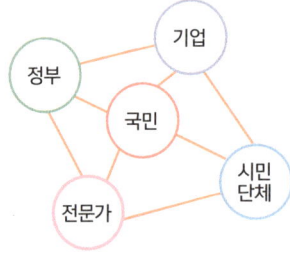

협력, 신뢰, 네트워크

But,
책임 소재 → 공허한 국가

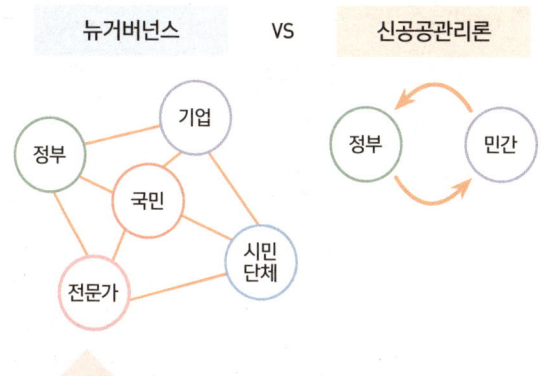

공통점 노젓기 아닌 방향잡기 / 분권 / 대응성 / 관료제 비판

	신공공관리론	뉴거버넌스
인식론적 기초	신자유주의	공동체주의
관리 기구	시장	네트워크
관리 가치	결과	신뢰
정부 역할	방향잡기	방향잡기
관료 역할	공공기업가	조정자
작동 원리	경쟁	협력
서비스	민영화, 민간위탁	공동 공급
관리 방식	고객 지향	임무 중심
분석 수준	조직 내	조직 간

- 피터스(Peters)의 뉴거버넌스 모형

	전통적정부	시장정부	참여정부	신축적정부	탈내부규제정부
목표	권위	독점 타파	계층제 타파	불변성 타파	내부규제 타파
조직 구조	계층제	분권화	평면조직	가상조직	-
관리 방식	절차	성과급	MBO, 팀제	신축적 관리	자율적 관리
결정 방식	정치행정 구분	시장적 동기	협상, 협의	실험	기업가적 정부
공익	안정, 평등	저비용	관여, 협의	저비용, 조정	창의성, 능동성

이론   ② 신공공서비스론

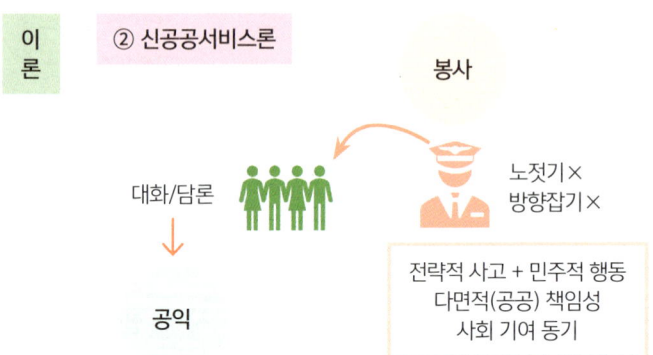

	신공공관리론	신공공서비스론
인식론적 기초	신고전학파 경제이론	민주주의, 실증주의, 해석학 등
합리성	기술적·경제적 합리성	전략적 합리성
공익	개인 이익의 총합	공유 가치에 따른 담론의 결과
반응 대상	고객	시민
정부 역할	방향잡기	봉사
책임성 확보	시장 지향	다면적 (법, 공동체, 전문성, 시민이익 등)
재량	폭넓은 재량 허용	재량, but 제약과 책임 수반
조직 구조	분권화된 조직	협동적 조직구조
공무원 동기 유발	기업가 정신 정부 규모 축소 욕구	사회 봉사 사회에 기여하려는 욕구

이론

③ 시민참여와 비정부조직(NGO)

민주주의
공감/지지
정책 순응
지역 특성

시민 참여

대표성?
전문성?
능률성?
정부 유착?

정부 (1섹터)   시장 (2섹터)   NGO (3섹터)
자발성
자율성
비영리성
공익성

- NGO-정부 관계 유형(1)

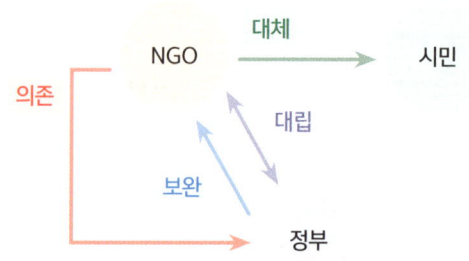

- NGO-정부 관계 유형(2)

		정부의 태도	
		거부	수용
NGO 전략	경쟁	대립형 (비판/저항)	NGO주도형 (NGO역량)
	협력	정부우위형 (개발도상국)	상호의존형 (재원분담)

물적자본	사회자본	협력, 신뢰, 규범, 네트워크
과정 확실	과정 불확실	
등가교환	등가교환×(호혜주의)	But, 대외적 폐쇄성 사적선택 제약
소유	공유	
감소	감소×	
단기적 노력	장기적 노력	

기타 행정학 이론

1. 역사적 접근

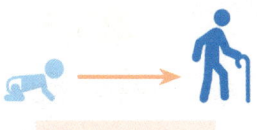

발생론적 설명

2. 환경적 접근

① 생태론

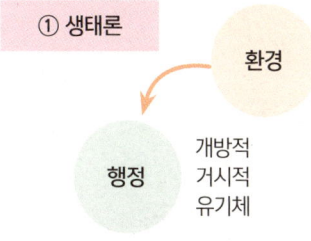

환경 → 행정

개방적
거시적
유기체

② 비교행정론

민주주의 → Korea   USA ← 민주주의

Riggs

→ 이질혼합성, 형식주의, 다규범성

융합 사회	프리즘적 사회	분화 사회
농업·전통적·미발전	전이·과도기·발전도상	산업·현대적·발전
안방(chamber)	사랑방(sala)	사무실(office)

But, 환경결정론 / 정태적 / 행정엘리트 무시

③ 발전행정론

개발도상국 정부관료 역할 ↑   동태적 목표지향   효과성

But, 선진국 관점 / 행정부 비대화

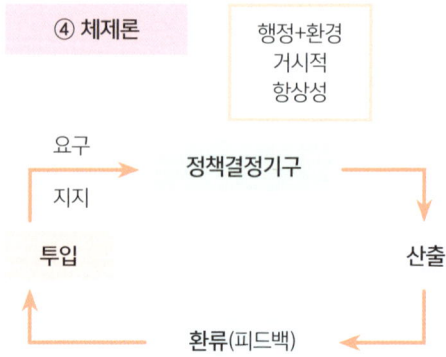

④ 체제론 — 행정+환경 / 거시적 / 항상성

요구 / 지지 → 투입 → 정책결정기구 → 산출 → 환류(피드백) → 투입

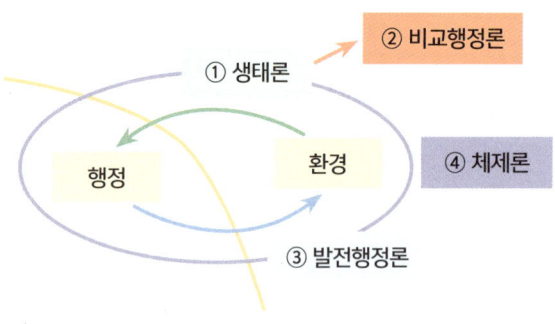

① 생태론
② 비교행정론
③ 발전행정론
④ 체제론

3. 가치적 접근

① 현상학

자연 현상 VS 사회 현상

법칙
표면
가치중립

해석
의도
가치평가

② 포스트 모더니즘

| 모더니즘 | VS | 포스트모더니즘 |

인간, 이성, 합리성

"맥락 의존적" ← 담론
① 상상 : 규칙 ×
② 해체 : 이론·설화 ×
③ 영역해체 : 고유영역 ×
④ 타자성 : 인식적 객체 ×
　　　　　도덕적 타자

4. 새로운 접근

① 딜레마 이론

A　　B

딜레마 발생요건
분절성
상충성
균등성
선택불가피성

② 시차이론

도입순서
선후관계
순서의 변화
충분한 성숙기간

③ 넛지이론

부드러운 개입주의

PART 1

- **CHAPTER 1** 행정활동
- **CHAPTER 2** 행정가치
- **CHAPTER 3** 행정이론
- **CHAPTER 4** 행정과 행정개혁

행정의 개념

Only 공행정　　**협의**　　VS　　**광의**　　공행정+사행정

　　　　공공목적 달성　　　　공통의 목표 달성
　　　　정부의 활동　　　　　협동적 인간노력

행정학

과학성 / 실천성 / 도구성 / 전문직업성 / 종합학문

	행정	경영
유사	대규모 조직 / 자원 동원 / 의사결정 방식	
차이	공익 추구(국민)	이윤 추구(고객)
	공공서비스 공급 평등	고객에 따라 서비스 차별
	엄격한 법적 규제	비교적 덜한 법적 규제
	강한 권력수단 보유	비교적 덜한 권력성
	일반적으로 경쟁자 부존재	수많은 경쟁자 존재
	일반적으로 정치성 포함	일반적으로 정치성 배제

행정개혁

접근방법

- 사업
- 구조
- 과정
- 행태
- 문화
- 통합

저항극복방법

- 강제
- 공리 (기술)
- 규범 (사회)

PART 2

정책

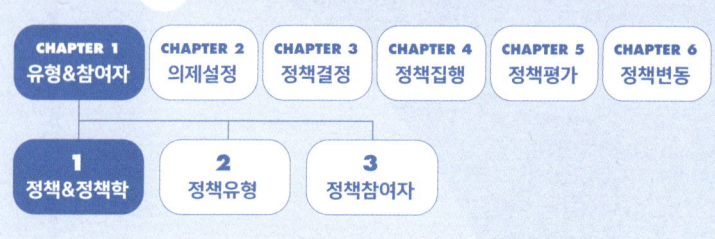

정책(Policy) - Lasswell(1951)

But, 행태주의 ⟶ 후기행태주의(1960)

① 문제지향
② 역사적 맥락
③ 범학문성
④ 규범적+실증적

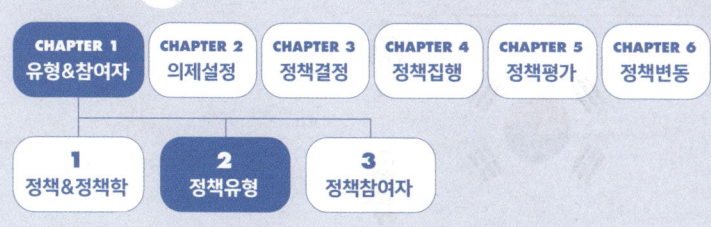

1 로위의 분류

		강제력 적용대상	
		개별적 행위	행위의 환경
강제력 행사방법	간접	배분정책	구성정책
	직접	규제정책	재분배정책

배분   규제   구성   재분배

수혜집단 : 골고루
비용집단 : 골고루   →   안정적

사회간접자본
교육서비스
대출, 보조금

로그롤링	포크배럴
담합	나눠먹기

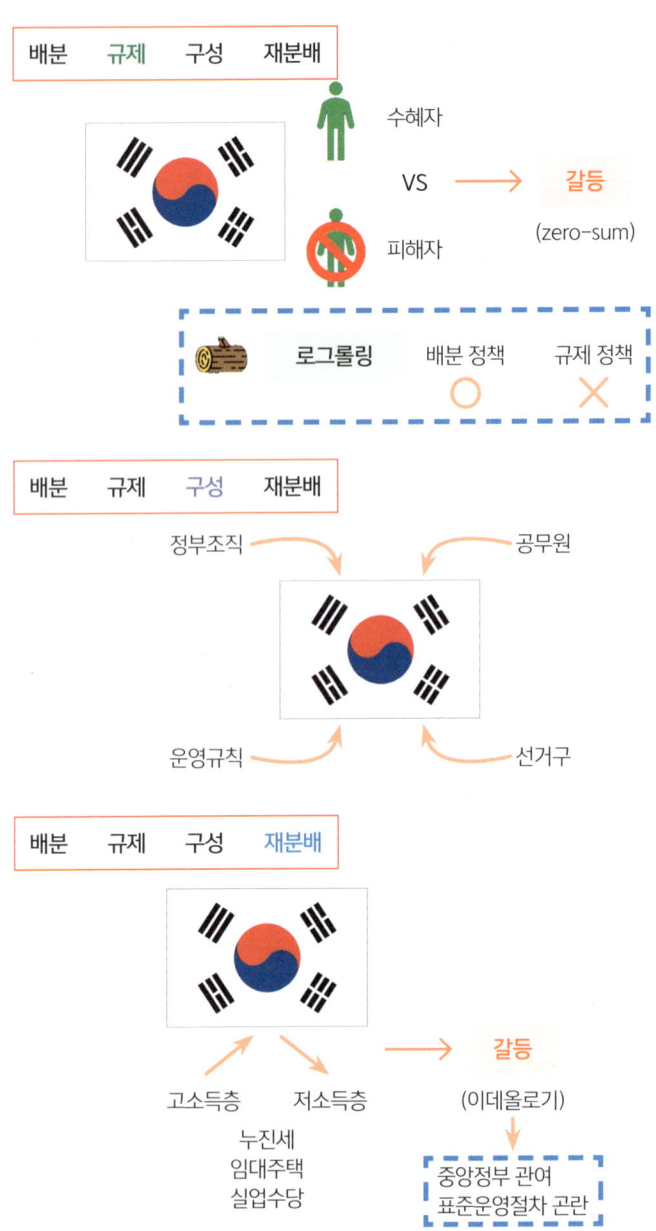

2 알몬드와 파우얼의 분류

로위: 배분, 규제, 구성, 재분배

VS

알&파: 배분, 규제, 상징, 추출

- **상징**: 국가적 자긍심 (월드컵/광화문복원)
- **추출**: 인적/물적자원 (징병/조세)

3 리플리와 프랭클린의 분류

로위: 배분, 규제, 구성, 재분배

VS

리&프: 배분, 규제, 재분배

- **경쟁적 규제**: 특정집단 공급자격 (방송권/취항권)
- **보호적 규제**: 일반대중 보호 (공정거래법/근로기준법)

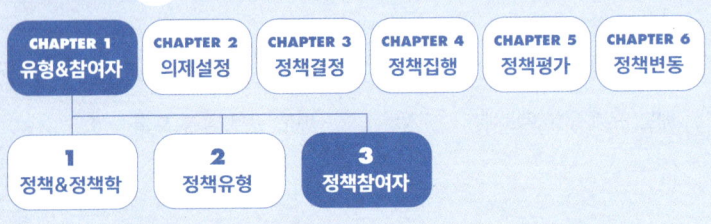

1 정책참여자

공식	VS	비공식
입법부 사법부 행정부		일반국민 NGO 전문가 언론기관 **정당**

2 정책참여자 권력모형

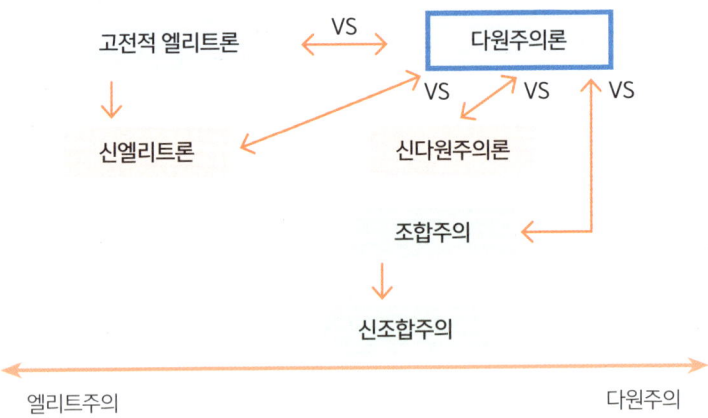

고전적 엘리트론

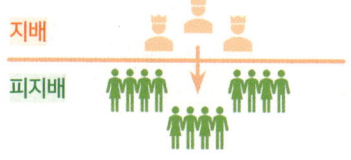

다원주의론

이익집단론

다원적 권력이론

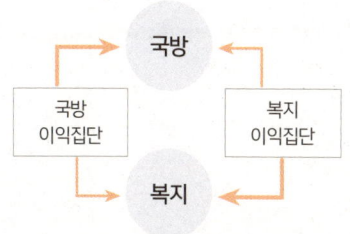

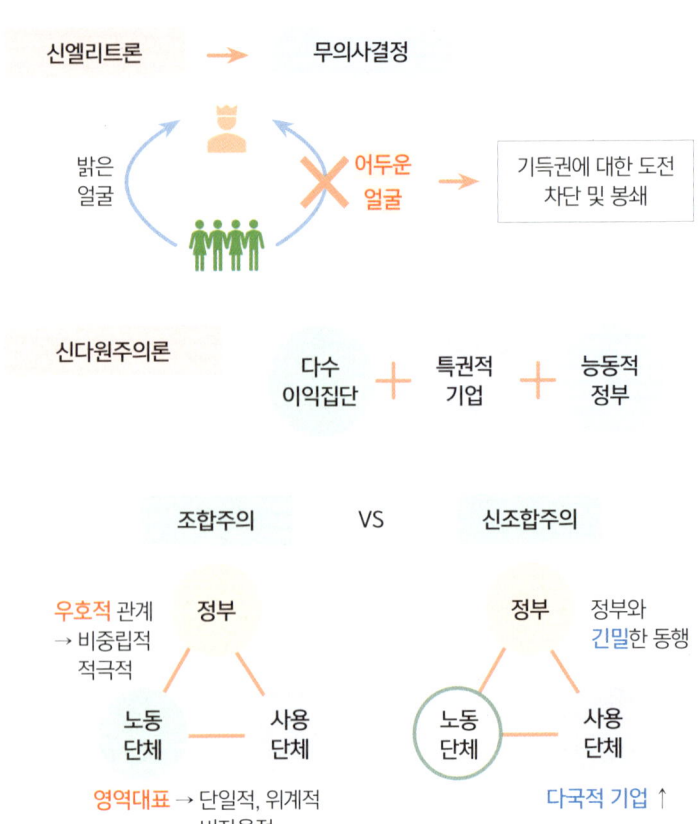

3 정책네트워크 모형

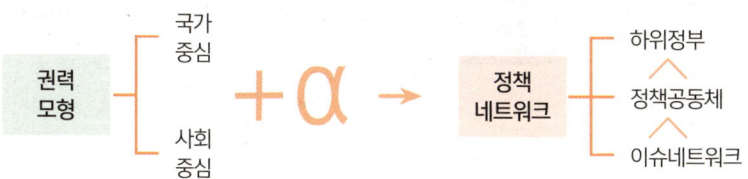

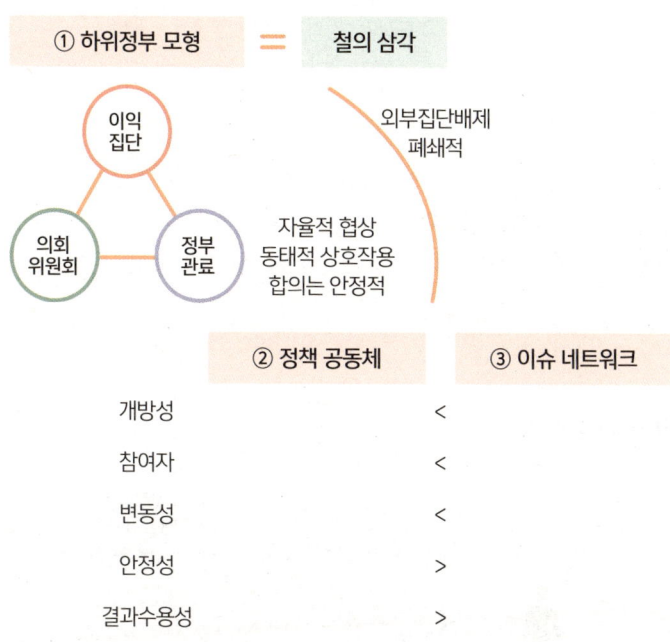

	② 정책 공동체	③ 이슈 네트워크
개방성	<	
참여자	<	
변동성	<	
안정성	>	
결과수용성	>	

PART 2

CHAPTER 1	**CHAPTER 2**	CHAPTER 3	CHAPTER 4	CHAPTER 5	CHAPTER 6
유형&참여자	**의제설정**	정책결정	정책집행	정책평가	정책변동

❶ 정책의제설정 영향요인

문제1
　문제2
　　문제4 → 정책의제설정
　문제3

정책의제설정
주도집단 : 강력/조직화
문제특성 : 선례/단순
극적사건

① **1종** 오류 : 정책효과 **없는데 있다고** 판단
② **2종** 오류 : 정책효과 **있는데 없다고** 판단
③ **3종** 오류 : 정책문제 잘못 인지

❷ 정책의제설정 과정

① 사회문제 VS ② 사회적 이슈 → 공중의제 = 체제의제

③ → 공식화 × 해결가능성 ↓

정부 Please! → ④ 정부의제

3 정책의제설정 모형

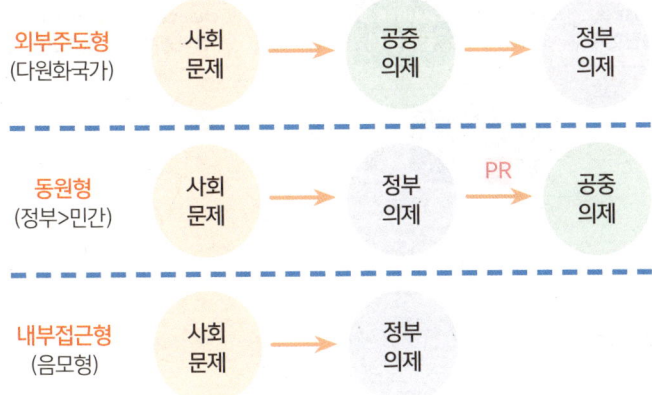

메이의 정책의제설정모형

	대중관심 높음	대중관심 낮음
민간 주도	외부주도형	내부주도형
정부 주도	굳히기형	동원형

의사결정론	체제이론	다원주의론	무의사결정론	정책의 창
조직의 **주의집중력 한계**	문지기가 선호하는 문제	**이익집단**/대중들의 영향력	대중**억압**과 **봉쇄**	**문제 + 정책 + 정치**

PART 2

- CHAPTER 1 유형&참여자
- CHAPTER 2 의제설정
- **CHAPTER 3 정책결정**
  - 1 결정모형
  - 2 합리적 정책결정
- CHAPTER 4 정책집행
- CHAPTER 5 정책평가
- CHAPTER 6 정책변동

1 정책결정요인론

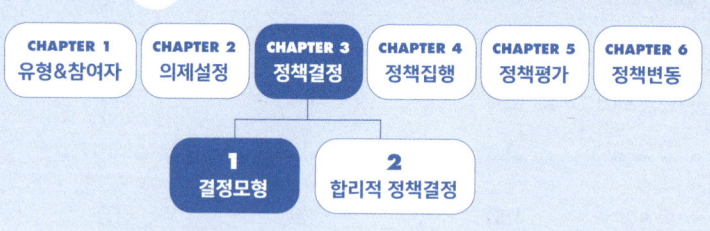

키-로커트

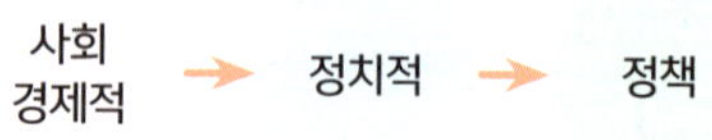

사회경제적 → 정치적 → 정책

도슨-로빈슨

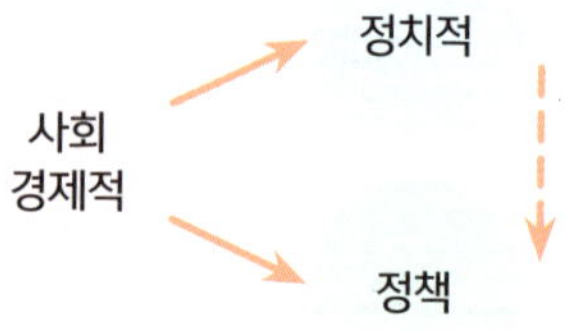

사회경제적 → 정치적
사회경제적 → 정책
(정치적 ⇢ 정책)

루이스-벡

사회경제적 → 정치적
사회경제적 → 정책
정치적 → 정책

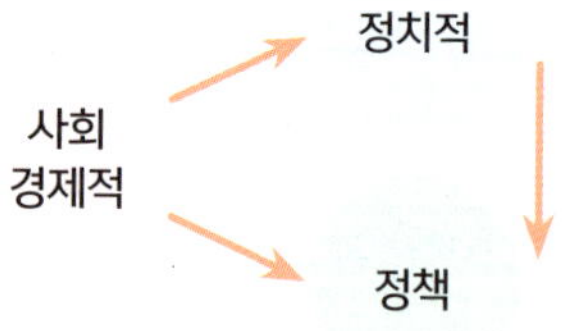

2 개인적 정책결정모형

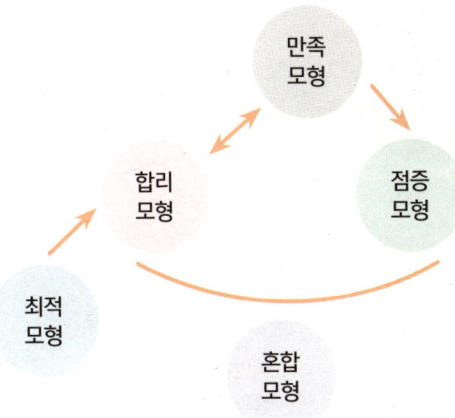

합리 모형	만족 모형 **사이먼**
객관적 합리성 모든 대안 경제인	제한적 합리성 만족할만한 대안 행정인

점증모형

린드블롬 / 윌다브스키

보수주의

혼합모형

에치오니

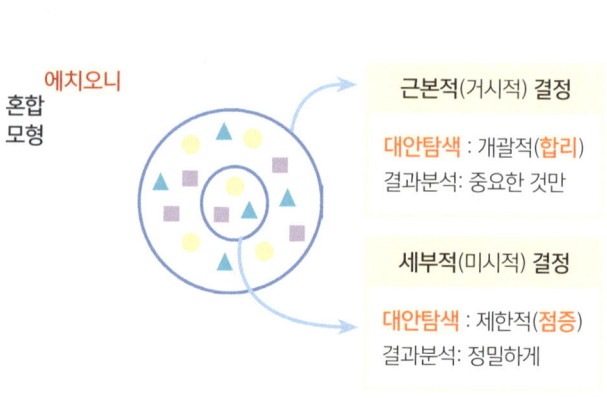

근본적(거시적) 결정
대안탐색 : 개괄적(합리)
결과분석: 중요한 것만

세부적(미시적) 결정
대안탐색 : 제한적(점증)
결과분석: 정밀하게

최적모형

드로어

① 합리모형 보완

→ 초합리성(직관) / 질적 분석

② 초정책결정 강조

→ 정책결정을 위한 체계 및 전략 설계

3. 집단적 정책결정모형

회사모형 ← 만족모형

마치&사이어트

① 제한된 합리성 → 만족화
② 프로그램화된 의사결정 → SOP
③ 서로 다른 목표 → 느슨한 연합체
④ 갈등의 준해결
⑤ 문제중심 탐색 / 단기적 대응책
⑥ 반복적 경험을 통한 학습

사이버네틱스 ← 만족모형

스타인브루너

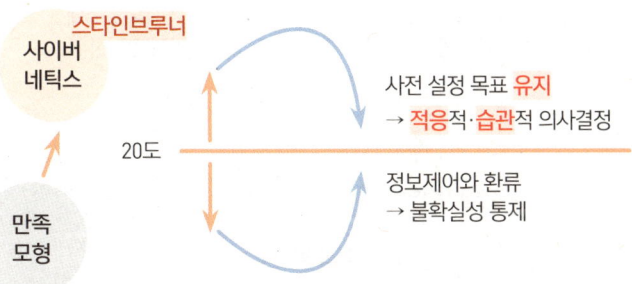

20도

사전 설정 목표 유지
→ 적응적·습관적 의사결정

정보제어와 환류
→ 불확실성 통제

쓰레기통

코헨 & 마치 & 올슨

① 조직화된 무정부 상태 → 혼란
② 합리성 제약 조건 → 문제성 있는 선호

　　　　　　　　불명확한 기술
　　　　　　　　수시적 참여자

③ 극적사건 → 우연히 결정
　 (점화계기)

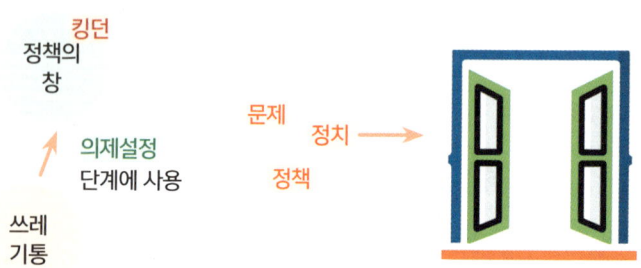

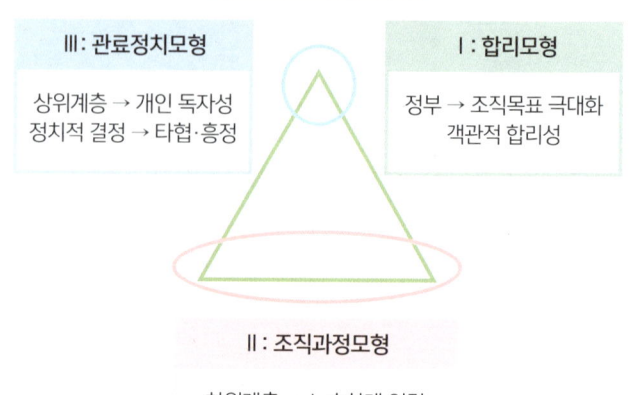

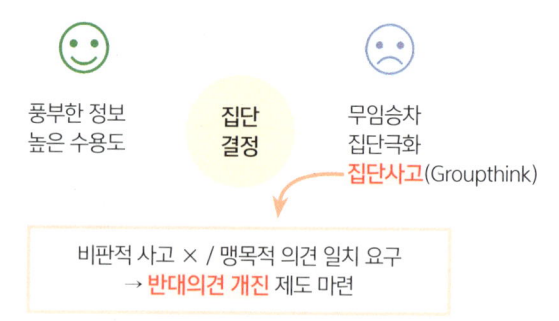

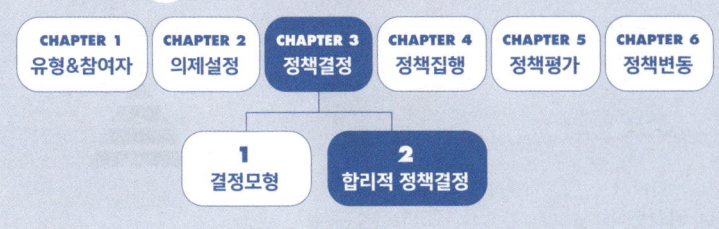

1단계	2단계	3단계	4단계	5단계
정책문제 파악과 정의	정책 목표 설정	정책대안 탐색과 개발	정책대안 결과 예측	정책대안 비교 평가

1단계 : 정책문제의 파악과 정의

정책문제 구조화

구조화가 잘 된 문제	어느정도 구조화된 문제	구조화가 잘 안 된 문제
정형화 전산화	준정형화 모의실험	비정형화 유일 대안 ×

CHAPTER 3 정책결정

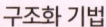

① 경계분석　　② 분류분석　　③ 계층분석

④ 가정분석　　⑤ 유추분석

2단계 : 정책목표의 설정

적합성	적절성	일관성
바람직 (타당성)	목표달성 수준	목표 간 상충 ×

3단계 : 정책대안의 탐색과 개발

정책분석　① 비용과 효과　→　객관적 분석
　　　　　② 사회적 영향　　　＋
　　　　　③ 가치의 문제　→　정치적 합리성

예비검토　몇 개의 대안을 사전 선별(스크린)

4단계 : 정책대안의 결과예측

주관적 방법
사람 → 추측

이론적 방법
모형 → 예견

연장적 방법
추세 → 투사

① 주관적 방법

브레인스토밍
① 자유롭게 아이디어 **총망라**
② 1단계 : 비판·평가 금지
  2단계 : 평가·종합 후 우선순위 부여

델파이 VS **정책델파이**

델파이
전문가
익명성(서면)
합의 유도
→ 설문 반복

정책델파이
전문가+정책관계자
선택적 익명성
의견대립 유도

교차영향분석
사건 A → 영향성 추측 → 사건 B

명목집단기법  명목상 집단

서면(익명성)
↓
토론(제한적)
↓
표결

주관적 방법	이론적 방법	연장적 방법
사람 → 추측	모형 → 예견	추세 → 투사
	경제적 분석 이론적 모형	시계열 분석 추세적 경향

In 불확실성

적극적 방안	VS	소극적 방안
상황통제 정책실험 이론개발 델파이		분석 지연과 회피 가외성

5단계 : 정책대안의 비교·평가 및 선택

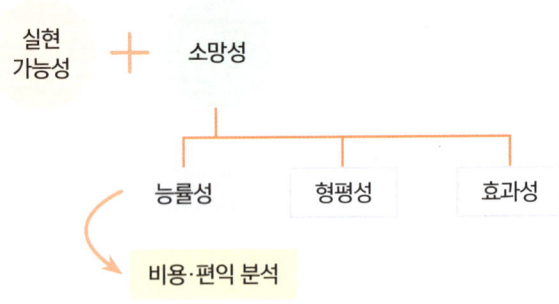

비용·편익 분석

화폐가치로 측정 → 비교

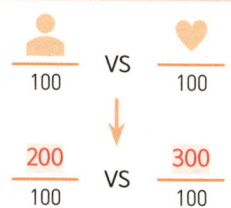

현재가치로 측정 → 할인율

현재   1년 후
100만원 $+$ 110만원

$1+\gamma$
할인율
($≒$ 이자율)

세부 측정기준

순현재가치 (NPV)	**편익현가 − 비용현가** (할인율 적용) **0**보다 커야 타당
비용편익비 (B/C ratio)	**편익현가 / 비용현가** (할인율 적용) **1**보다 커야 타당
내부수익률 (IRR)	할인율 대체 → **투자의 수익률** → 최소한 이자율 수준 / 최소한 편익 = 비용 ↓ NPV = 0으로, B/C = 1로 만드는 할인율

비용·편익 분석   VS   비용·효과분석

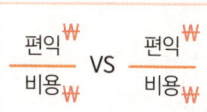

CHAPTER 3 정책결정

PART 2

CHAPTER 1 유형&참여자 | CHAPTER 2 의제설정 | CHAPTER 3 정책결정 | **CHAPTER 4 정책집행** | CHAPTER 5 정책평가 | CHAPTER 6 정책변동

1 정책결정자-정책집행자 관계

	결정자		집행자
고전적 기술관료형	>>		충실히 집행
지시적 위임형	>		관리권한 위임
협상형	=		타협과 흥정
재량적 실험가형	<		구체적 결정
관료적 기업가형	<<		결정자 설득/강제

2 정책집행이론

고전적 집행론 VS 현대적 집행론

1세대 프·월 → 2세대 하향 VS 상향 → 3세대 과학성·통계성

집행중요성✕   집행중요성○

공동행위의 복잡성

하향적 VS 상향적

하향적 (Top-down) ↓ 정책**결정**자(고위) ↑ **상향**적 (Bottom-up)
정책**집행**자(현장)

- **전**방향접근법
- 통제와 순응 강조
- 효과적 집행조건 관심
  (명확, 안정, 법률)

- **후**방향접근법
- 정책목표 일관성 부인
- 일선집행관료 역할 ↑
  (재량과 자율)

일선집행관료이론

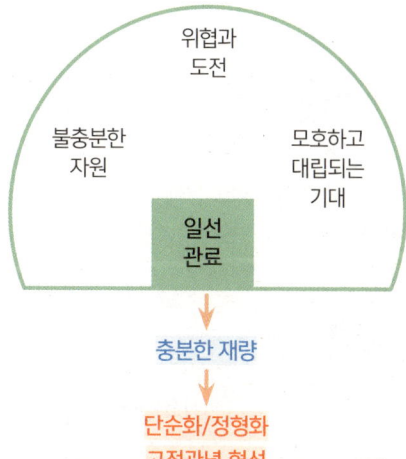

통합모형 : 정책지지연합모형

통합모형 : 적응적 집행이론

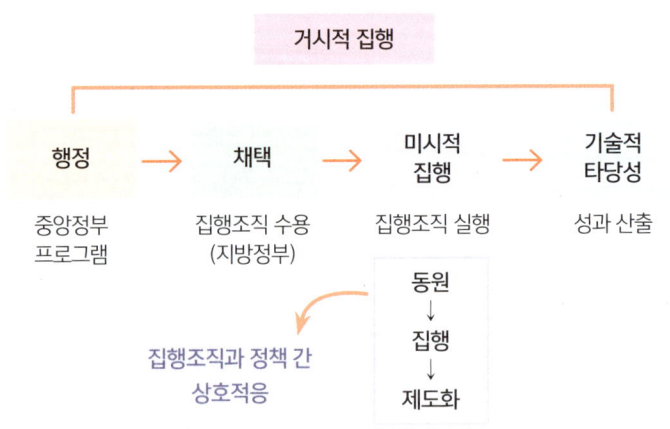

PART 2

CHAPTER 5 정책평가

1 정책평가 종류

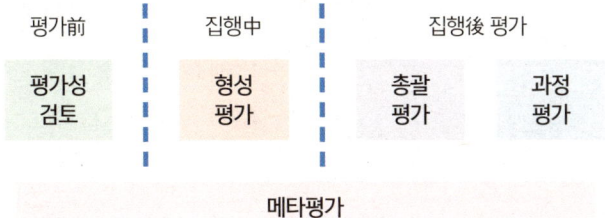

2 정책평가의 타당성

내적 타당성	**외적 타당성**	**구성적 타당성**	**통계적 타당성**
수단→목표 인과관계	일반화	평가를 위한 조작	연구설계의 정밀성

구성적 타당성 / 통계적 결론의 타당성

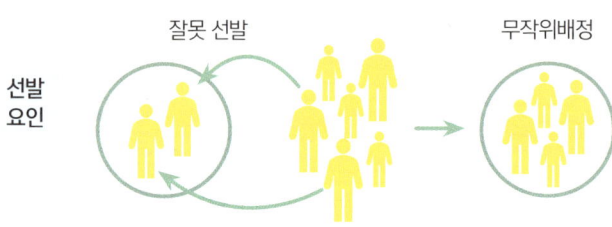

세종시 이전 → 생산성 증가

행안부
서울시~~

보고서
출산율~~

↑효과 ○ ⇐ 효과 × : 1종
↓효과 × ⇐ 효과 ○ : 2종
+ 3종

① 내적 타당성 위협요인

선발요인: 잘못 선발 / 무작위배정

성숙요인: 시간

	실험집단		통제집단
	우유 ○	우유 ×	
정책	10	0	
성숙	~~10~~	~~10~~	

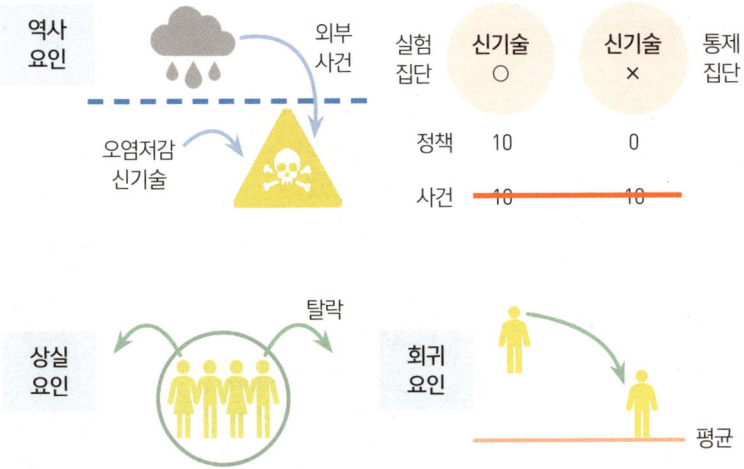

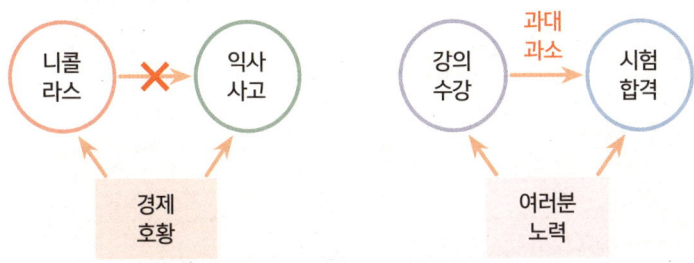

② 외적 타당성 위협요인

③ 실험

비실험 VS 실험

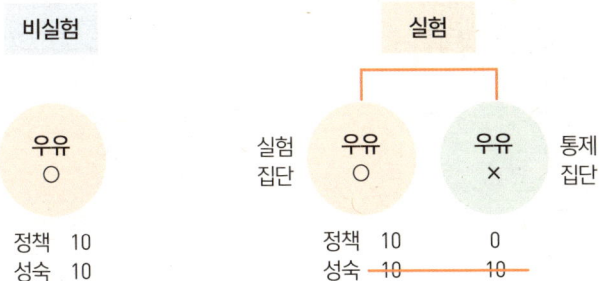

진실험 VS 준실험

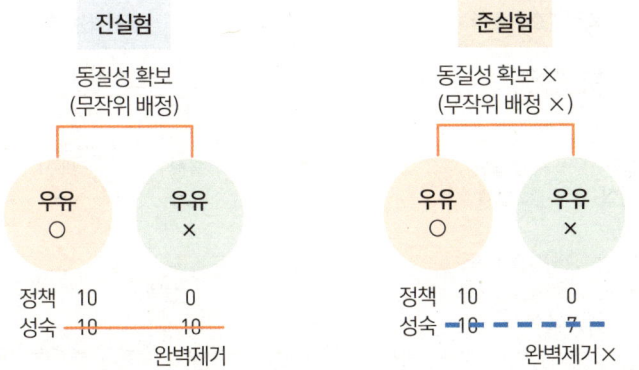

준실험의 약점

내적 : 선정과 성숙의 상호작용

동질성 확보 ×
(무작위 배정 ×)

우유 ○	우유 ×
정책 10	0
성숙 10	7

외적 : 크리밍 효과

동질한 대상 ×

조건 양호	조건 보통
효과 ○	효과 ×

일반화 ×

진실험의 약점

외적 : 호손효과

동질한 대상

A집단 실험실	A집단 실제
효과 ○	효과 ×

일반화 ×

실행가능성

무작위 불가

백신 ○	백신 ×
↑ 선택	↑ 선택

작위 → 준실험 가능

❹ 정부업무평가기본법

대상: 중앙행정기관, 지방자치단체, 소속기관, 공공기관

업무 체계: 정부업무평가위원회(국무총리 소속/위원장 2인)
국무총리 : 기본계획 수립(3년마다 수정·보완)

평가 종류:
① **자체**평가 : 중앙행정기관/지방자치단체
　　　　　　→ 자체평가위원회, 매년 자체계획 수립
② **재**평가 : 문제 있는 자체평가 → 국무총리
③ **특정**평가 : 중요 시책 관련 → 국무총리
④ **합동**평가 : 국가위임사무
　　　　　　→ 행정안전부장관+관계중앙행정기관
⑤ **공공기관**평가 : 기획재정부장관 실시

PART 2

CHAPTER 6 정책변동

1 정책변동의 종류

정책혁신 → 정책유지 → 정책승계 → 정책유지 → 정책종결

정책혁신
- 새로운 정책 결정
- 처음 정책문제로 전환
- 무에서 유를 창조

정책종결
- 완전히 폐지
- 정부 개입 중단
- 저항 : 동태적 보수주의

정책유지	VS	정책승계
목표변동 × 수단 소폭 변화		목표변동 × 수단 완전 대체

목표 : 교육의 공평성

+중간층 ← 저소득층 교육비 보조 　 저소득층 교육비 보조 → 특별채용

2 정책변동 모형

정책지지 연합모형	정책흐름 모형	패러다임 변동모형	단절균형 모형	이익집단 위상변동모형
외생변수 신념(학습)	정책선도자	정책목표 정책수단 정책환경	외부충격	이슈맥락 제도적맥락

정책지지연합모형

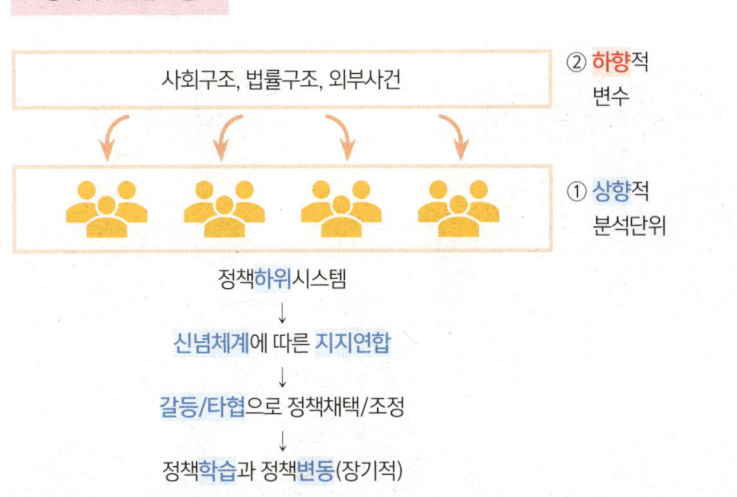

사회구조, 법률구조, 외부사건 — ② **하향**적 변수

① **상향**적 분석단위

정책**하위**시스템
↓
신념체계에 따른 **지지연합**
↓
갈등/타협으로 정책채택/조정
↓
정책**학습**과 정책**변동**(장기적)

PART

3

조직

PART 3

CHAPTER 1 조직구조
CHAPTER 2 조직과 사람 관리
CHAPTER 3 우리나라 정부조직

1 기계적 구조

분화의 원리

수평적 분화

① 직무의 전문화 → 분업

② 사람의 전문화 → 부문화
(기능, 제품, 지역 등)

수직적 분화

조직구조의 깊이 → 계층

조정의 원리

수직적 방법 》》 **수평적 방법**

① 계층제
② 명령통일의 원칙
③ 통솔범위의 원칙

① 연락역할담당자
② 연결핀모형
③ 태스크 포스
④ 임시 팀조직
⑤ 위원회 조직

관료제
① 권한을 법규로 규정
② 계서제
③ 문서화
④ 비개인성(impersonality)
⑤ 전문화
⑥ 분업화
⑦ 직업화

관료제 병리현상
① 비인간성
② 무사안일주의
③ 할거주의
④ 형식주의
⑤ 목표대치 → 과잉동조
⑥ 훈련된 무능력
⑦ "피터의 원리"

공식적·합리적		비공식적·심리적
고전적 조직이론	VS	신고전적 조직이론

능률성·생산성 + **폐쇄적**

② 유기적 구조

Daft의 조직유형분류

기능구조 — 사업구조 — 매트릭스구조 — 수평구조 — 네트워크구조 → 유기성 ↑

기능구조

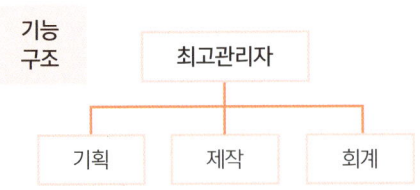

기능별 전문성 / 규모의 경제 / 효율성 극대화
But, 다른 부서 소통 ×

사업구조

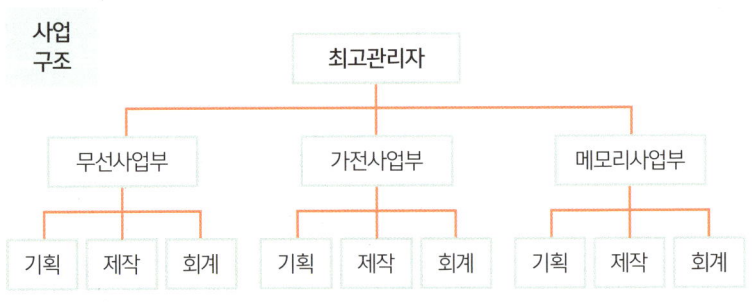

산출물 기반 / 사업부 자율성
But, 기능 중복

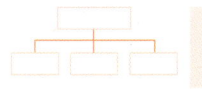 기능구조 VS 사업구조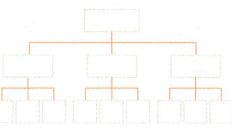

효율성	>
전문성	>
자율성	<
유연성	<
대응성	<

매트릭스 구조   기능구조 + 사업구조
　　　　　　　　　 전문성　　탄력성

노인복지사업 — 기획 | 제작 | 회계
청년복지사업 — 기획 | 제작 | 회계
아동복지사업 — 기획 | 제작 | 회계

수평 구조

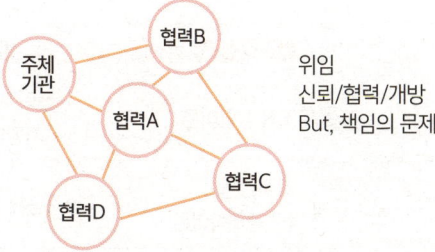

TEAM 조직

핵심업무 중심
계층/경계 제거
신속한 서비스 제공

네트워크 구조

주체기관 — 협력B — 협력A — 협력C — 협력D

위임
신뢰/협력/개방
But, 책임의 문제

| 학습 조직 | **지식정보화 시대** |

구성원의 학습 + 문제해결 + 조직역량
수평/분권/전문가　절차 최소화　조직적 지식

지식행정 : 지식관리시스템

매뉴얼　　　　　　　　　　　　　　　숙련된 기능
보고서　　**형식지** ← **암묵지**　개인적 노하우
프로그램　　　　　　　　　　　　　　조직의 경험

Mintzberg의 조직성장경로모형

① 전략 → 감독 → 단순구조 (신생조직)

④ 기술구조
　→ 과업과정 표준화
　→ 기계적 관료제
　　(행정부)

③ 중간관리
　→ 산출물 표준화 → 사업부제(대기업)

⑤ 지원스태프
　→ 상호 조정
　　→ 애드호크라시(연구소)

② 핵심운영
　→ 작업기술 표준화 → 전문적 관료제(대학)

현대적 조직이론(거시조직이론)

	환경결정론	임의론
개별 조직	구조적 상황이론	전략적 선택이론 자원의존이론
조직군	조직경제학 조직군 생태학이론	공동체 생태학이론

환경결정론

구조적 상황이론

환경적 특성
→ 기계/유기

폐쇄적
조직이론 비판

유일 최고의 방법
존재 ×

조직경제학
(거래비용이론)

환경적 요구
→ 효율성 추구

| 거래비용 | VS | 조정비용 |

〈 거래 유지
거래 내부화 〉

조직군 생태학 이론

극단적
환경결정론

① 변이
② 선택 (동형화)
③ 보존

임의론

전략적 선택이론

의사결정자의
전략적 선택

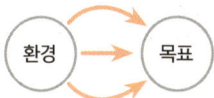

자원 의존이론

다른 조직에 자원의존
↓
전략적 대처

조직 A 조직 B
의존 ↓

공동체 생태학 이론

조직군 VS 공동체

환경
결정론

능동적
공동적
노력

지식정보화 사회의 조직

혼돈(Chaos)이론

작은 요동 → 거대한 파동

불안정
(비평형)

비선형 / 순환고리적 상호관계

질서는 혼돈의 일부
→ 수용&자기혁신 기회

안정
(평형)

혼돈(Chaos)이론에서의 조직

자기 조직화 → **홀로그래픽 조직설계**

스스로 새로워지려는 특성

조직 각 부문이 전체로 기능

입체적 조직설계

3 기계적 구조 VS 유기적 구조

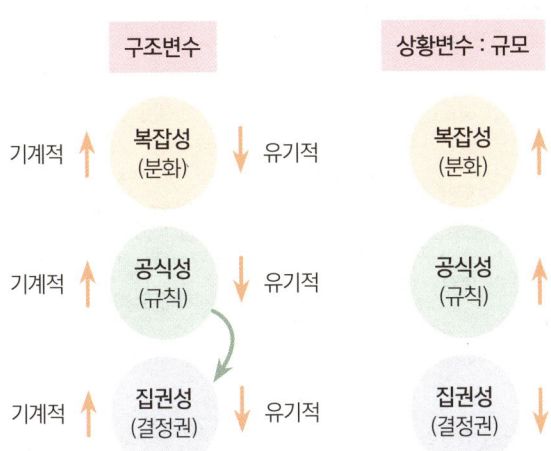

상황변수 : 기술

① 우드워드

	기술복잡성	작업방식	관리자 비중	의사 소통	공식화·집권화	조직 구조
단위소량 생산기술	낮음 (맞춤양복)	비반복적 (숙련기술자)	낮음	언어	낮음	유기적
대량 생산기술	높음 (자동차)	일상적·반복적 (비숙련기술자)	높음	문서	높음	기계적
연속공정 생산기술	더 높음 (석유정제)	연속적·기계적 (숙련기술자)	더 높음	언어	낮음	유기적

② 톰슨

	기술 분류	상호 의존성	조정 형태	불확실성 감소 방안
집합적 상호 의존성	중개형 기술	낮음	규칙, 표준화	서비스 대상의 확대
연속적 상호 의존성	연속형 기술	중간	정기회의, 계획, 수직적 의사전달	수직적 통합 (불확실성 원천 통제)
교호적 상호 의존성	집약형 기술	높음	부정기회의, 상호조정, 수평적 의사전달	전문지식과 기술 습득, 처리대상의 조직 내 유입

③ 페로

		문제분석 가능성	
		높음	낮음
과업다양성	높음	공학적 기술 (다소 유기적)	비일상적 기술 (유기적)
	낮음	일상적 기술 (기계적)	장인 기술 (다소 유기적)

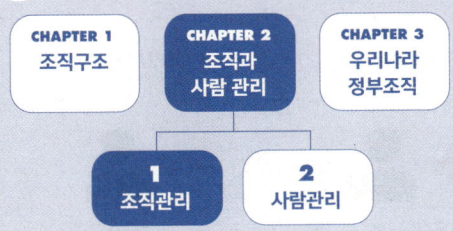

PART 3

1 조직 목표의 변동

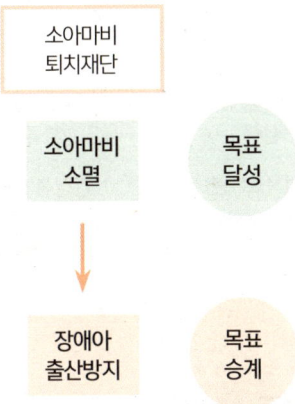

❷ 조직 목표의 관리

① 목표관리제 (MBO)

협의 → 개인목표 설정
상향식 접근
개인목표 + 조직목표
목표 설정 → 실행/평가

② 성과관리제 (BSC)

조직목표 → 개인목표
하향식 접근
성과지표 개발 → BSC

③ 총체적 품질관리(TQM)

지속적 품질개선
For 고객만족
모든 직원 참여
집단적 노력

목표관리제(MBO)

목표 설정 → 목표 실행 → 평가 및 환류

상향식(참여)   **단기**목표(1년)   **안정**적 상황
                                    +
                                계량적·**객관**적 목표

성과관리제 : 균형성과표(BSC)

	관점	핵심	측정지표
상부구조 가치지향	고객	만족	고객만족도, 정책순응도
	재무 후행	수익	매출, 수익률
하부구조 행동지향	내부 프로세스	절차	시민참여, 적법절차
	학습과 성장 선행	역량	학습동아리 수, 내부 제안 건수

3 조직 효과성 평가모형

• 경합가치모형(퀸&로보그)

초점 \ 구조	안정성(통제)	유연성(융통성)
내부 (구성원)	**내부과정모형** 안정성/균형 (정보관리)	**인간관계모형** 인적자원 개발 (응집력/사기)
외부 (조직)	**합리목표모형** 생산성/능률성 (기획/목표설정)	**개방체제모형** 성장/자원확보 (융통성/외적평가)

조직문화

호프스테드 문화모형

권력격차
개인주의
남성성
불확실성 회피
장기 지향
쾌락 추구

파슨스 AGIL 모형

A 적응   → 기업
G 목표달성 → 행정기관
I 통합   → 법원
L 정당성   → 교육/종교

레빈 조직혁신모형

해빙 → 변화 → 재동결

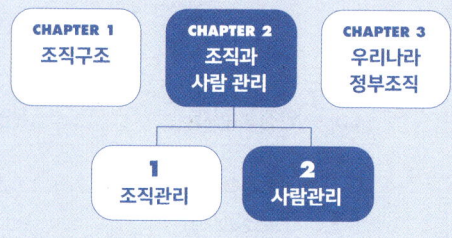

1 동기부여

(1) 내용이론

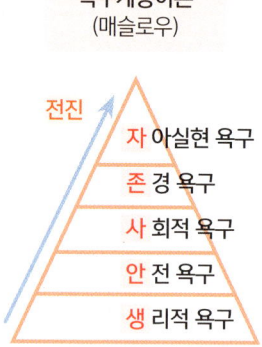

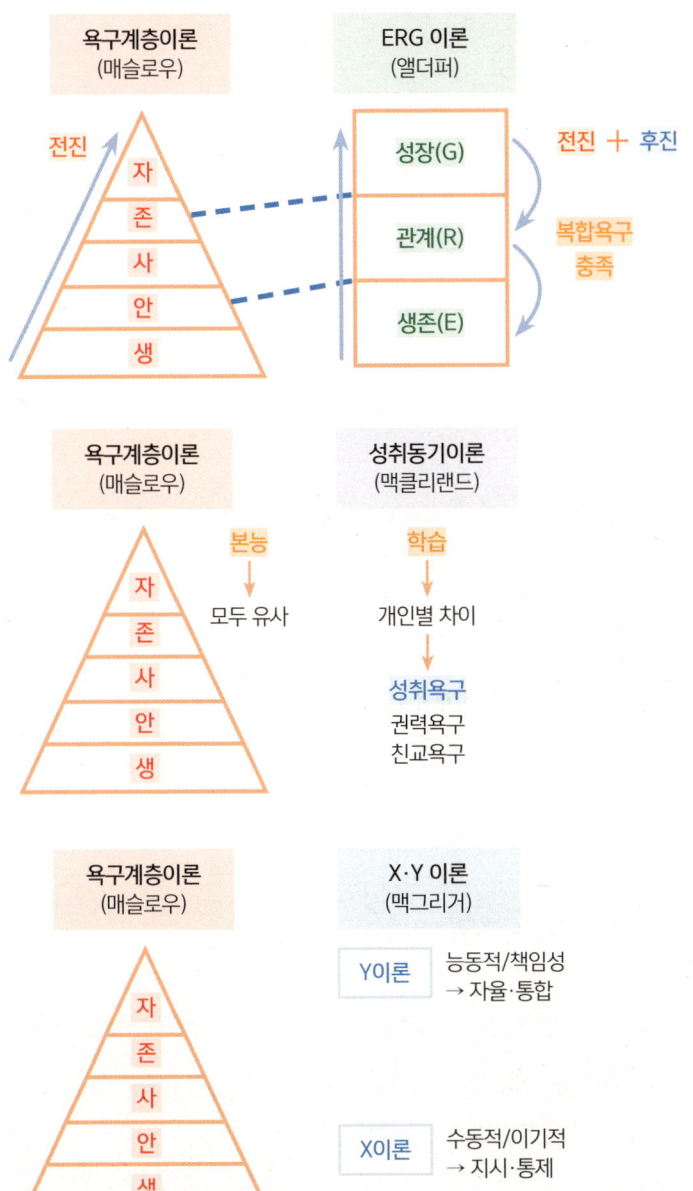

욕구충족요인이원론
(허즈버그)

위생요인	VS	동기요인
봉급 대인관계 직위		책임부여 승진 성취감
× → 불만족 ○ → 동기 ×		○ → 만족/동기부여 × → 불만족 ×

복잡인 모형
(샤인)

다양한 인간의 욕구
개인차 고려
관리의 융통성 필요

직무특성이론
(해크만&올드햄)

개인의 성장욕구 수준 + 직무의 특성 → 동기부여

잠재적 동기지수

$$\frac{기술다양성 + 직무정체성 + 직무중요성}{3} \times 자율성 \times 환류$$

(2) 과정이론

공정성 이론 (아담스)

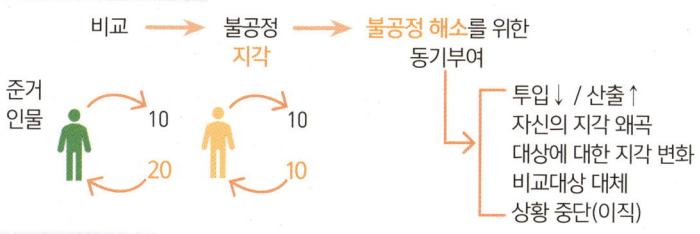

기대이론 (브룸)

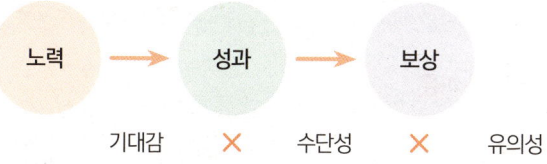

기대이론 (포터&롤러)

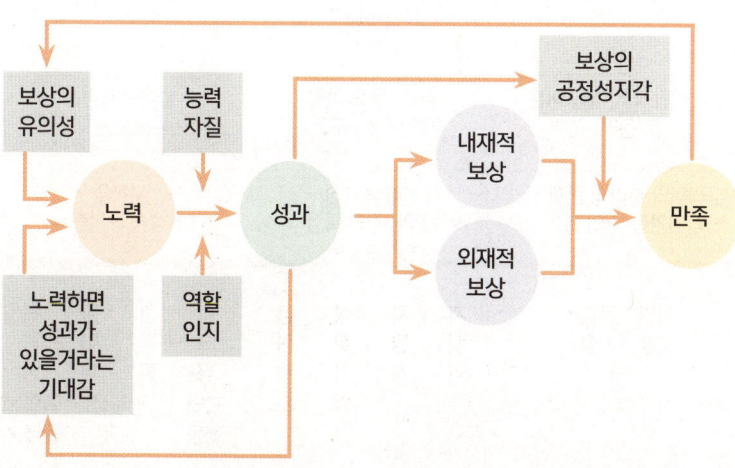

목표설정이론(로크)

난이도 — 어려운 목표일수록

구체성 — 정량으로 설정될수록

3. 리더십

(1) 전통적 리더십 이론

특성론 — 자질/속성

행태론 — 행동/태도

권력 영향력

상황론 — 환경

상황론

상황적합적 리더십 이론 (피들러)
리더와 부하의 관계
직위권력/과업구조
- 과업지향
- 관계지향

경로-목표 이론 (에반스&하우스)
부하의 특성
근무환경의 특성
- 지시적
- 지원적
- 성취지향적
- 참여적

생애주기이론 (허쉬&블랜차드)
부하의 성숙도 기준
- 지시형 → 설득형 → 참여형 → 위임형
- 과업행동 / 관계성행동 / 과업× 관계×

(2) 현대적 리더십 이론

전통적 리더십	VS	현대적 리더십
교환		감정, 가치, 상징
↓		↓
거래적 리더십		**변혁적 리더십**

① 카리스마적 리더십
② 영감적 리더십
③ 개별적 배려
④ 지적 자극

(3) 정보화 사회의 리더십

네트워크화 지능

상호연계적 리더십
조직구성원 **전체의 학습의지**
최고관리자의 지원과 관심

4 내부관리

(1) 조직 내 권력

**권력의 원천
(프렌치&레이븐)**

준거적 권력	전문적 권력	합법적 권력	보상적 권력	강압적 권력
닮고자 하는 카리스마	고도의 지식/전문성	합법적 권한	보상 제공능력	공포에 기반

(2) 조직 내 갈등관리

(~1940)	(1940~1970)	(1970~)
갈등역기능론	갈등수용론	갈등조장론
전통적 견해 →	**행태론적 견해** →	**상호작용적 견해**

갈등 해소
- 문제 해결
- 상위 목표
- 자원 증대
- 회피/완화/절충
- 명령

VS

갈등 조성
- 모호한 메시지
- 외부인 투입
- 조직 재구조화
- 의도적 반대자
- 정보 억제/과다

상황별 해결유형 (토마스)

경쟁	순응	회피	타협	협동
내 주장 관철	내 몫 희생	서로 못 본 척	중간정도 만족	모두를 만족

● 사전 협상전략

	배분적 협상	통합적 협상
개념	파이를 나누는 협상	파이를 늘리는 협상
이용가능 자원	고정적인 양	유동적인 양
주요 동기	승-패 게임(영합)	승-승 게임(정합)
이해관계	서로 상반	조화, 상호수렴
관계의 지속성	단기간	장기간

(3) 조직 내 의사전달

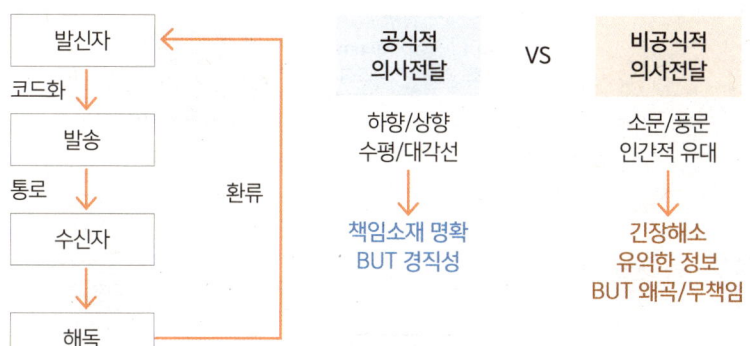

- 의사전달 네트워크

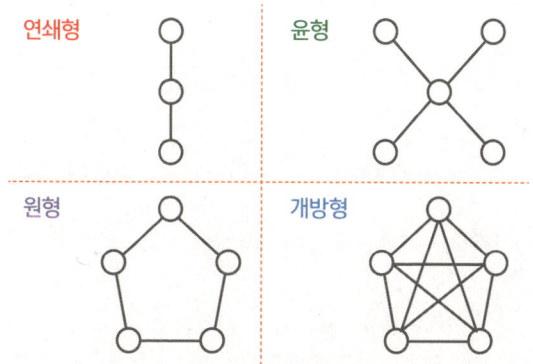

PART 3

CHAPTER 1 조직구조

CHAPTER 2 조직과 사람 관리

CHAPTER 3 우리나라 정부조직

1 정부조직구조

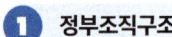

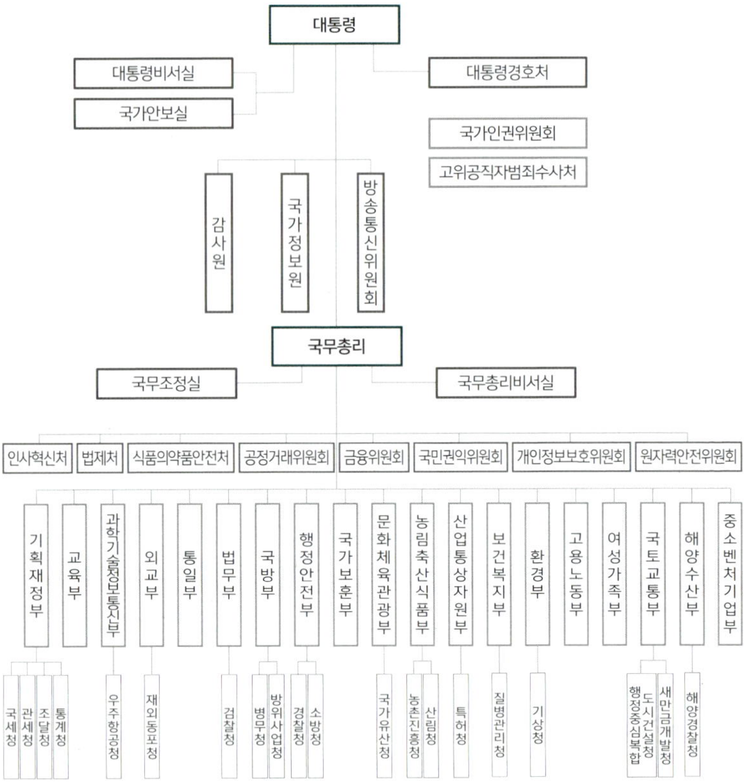

```
                          대통령
        ┌──────────────────┼──────────────────┐
   대통령비서실                           대통령경호처
   국가안보실
                                        국가인권위원회
                                        고위공직자범죄수사처
        ┌─────────┬─────────┐
      감사원   국가정보원  방송통신위원회
                          국무총리
        ┌──────────────────┼──────────────────┐
     국무조정실                            국무총리비서실
```

| 인사혁신처 | 법제처 | 식품의약품안전처 | 공정거래위원회 | 금융위원회 | 국민권익위원회 | 개인정보보호위원회 | 원자력안전위원회 |

- 기획재정부 — 국세청, 관세청, 조달청, 통계청
- 교육부
- 과학기술정보통신부 — 우주항공청
- 외교부 — 재외동포청
- 통일부
- 법무부 — 검찰청
- 국방부 — 방위사업청, 병무청
- 행정안전부 — 경찰청, 소방청
- 국가보훈부
- 문화체육관광부 — 국가유산청
- 농림축산식품부 — 농촌진흥청, 산림청
- 산업통상자원부 — 특허청
- 보건복지부 — 질병관리청
- 환경부 — 기상청
- 고용노동부
- 여성가족부
- 국토교통부 — 행정중심복합도시건설청, 새만금개발청
- 해양수산부 — 해양경찰청
- 중소벤처기업부

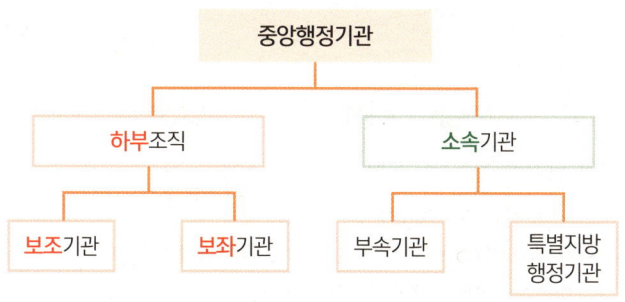

```
                    중앙행정기관
                    ┌───┴───┐
                  하부조직   소속기관
                  ┌──┴──┐   ┌──┴──┐
                보조기관 보좌기관 부속기관 특별지방
                                      행정기관
```

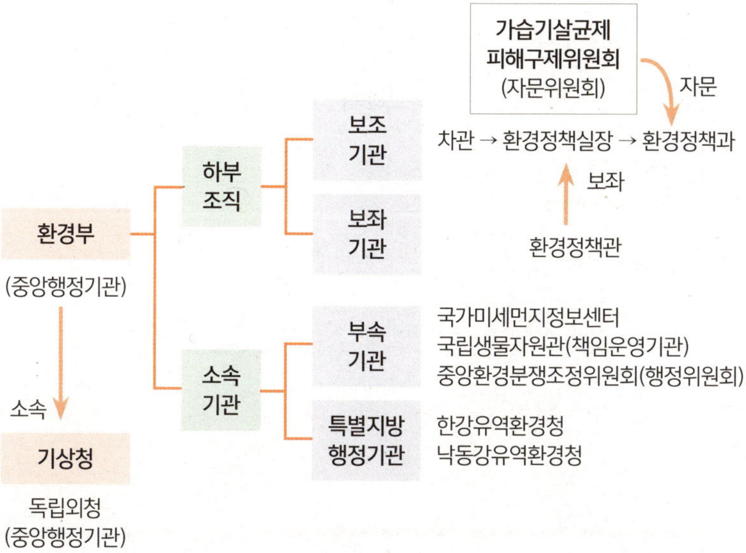

```
                                        가습기살균제
                                        피해구제위원회
                                        (자문위원회)  ↘ 자문
                      ┌─ 보조         
                      │  기관         차관 → 환경정책실장 → 환경정책과
              하부 ───┤                              ↑
              조직   └─ 보좌                         보좌
                         기관         
  환경부 ─────┤                                  환경정책관
  (중앙행정기관)                       
                      ┌─ 부속         국가미세먼지정보센터
                      │  기관         국립생물자원관(책임운영기관)
              소속 ───┤              중앙환경분쟁조정위원회(행정위원회)
              기관   
    소속 ↓            └─ 특별지방    한강유역환경청
                         행정기관    낙동강유역환경청
   기상청

   독립외청
   (중앙행정기관)
```

CHAPTER 3 우리나라 정부조직

❷ 위원회

	중앙행정기관인 위원회	행정기관 소속 위원회
행정위원회	대통령 소속 : 방송통신위원회	대통령 소속
	국무총리 소속 : 금융위원회, 공정거래위원회, 국민권익위원회, 개인정보보호위원회, 원자력안전위원회	국무총리 소속
		각 부처 소속
자문위원회	–	대통령 소속
		국무총리 소속
		각 부처 소속

	구속력	집행력
행정위원회	○	○
(의결위원회)	○	×
자문위원회	×	×

3 책임운영기관

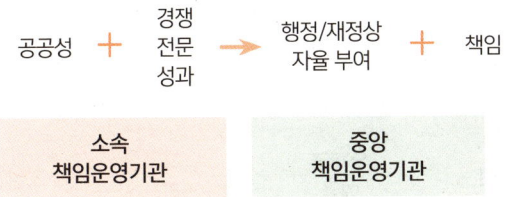

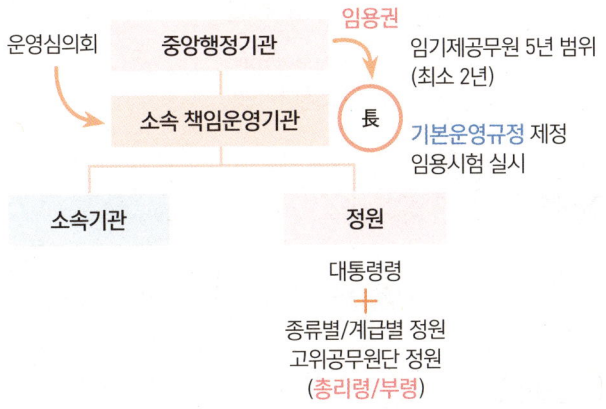

4 정부기업

정부부처 형태의 공기업

| 우편 | 우체국 예금 | 양곡 관리 | 조달 |

정부기업예산법
+
책임운영기관
(특별회계기관)

5 공공기관

구분		기준	자체수입액	세부 기준
공기업	시장형	① 정원: 300명 이상 ② 총수입액: 200억 이상 ③ 자산규모: 30억 이상	총수입액의 1/2 이상	· 자산규모 2조원 이상 · 총수입액 중 자체수입액이 대통령령이 정하는 기준 (85%) 이상인 공기업
	준시장형			· 시장형 공기업이 아닌 공기업
준정부 기관	기금 관리형		총수입액의 1/2 미만	· 국가재정법에 따라 기금을 관리하거나 기금의 관리를 위탁받은준정부기관
	위탁 집행형			· 기금관리형이 아닌 준정부 기관
기타 공공기관		상기 기준 미만	기준없음	· 공기업과 준정부기관을 제외한 기관

정보화와 전자정부

지능정보화
과학기술정보통신부

지능정보화기본법

과기부는 **3년**마다 지능정보사회**종합계획** 수립,
중앙행정기관(지자체)의 장은 **매년 시행계획** 수립
기관마다 **지능정보화책임관** 임명(정보화 업무 총괄)
공공/지역정보화 추진, **민간** 분야 정보화 **지원**

전자정부
행정안전부

전자정부법

행안부장관은 5년마다 전자정부**기본계획** 수립,
각 부처는 5년마다 해당 기관 **기본계획** 수립 및 제출
행안부장관은 **정보기술아키텍처** 기본계획 수립
유비쿼터스, 정보공동이용, 보편적 활용(지역정보화)

PART 4

인사

PART 4

CHAPTER 1 공무원 분류 | CHAPTER 2 공무원 임용 | CHAPTER 3 공무원 관리 | CHAPTER 4 공무원 통제

1 공무원의 구분

(1) 경력직 VS 특수경력직

실적/자격 & 신분보장

경력직
- **일반**직
  - 행정일반
  - 기술/연구
- **특정**직
  - 법관/검사
  - 헌법연구관
  - 외무/교육
  - 경찰/소방/경호
  - 군인/군무원
  - 국정원 직원

획일적 적용 ×

특수경력직
- **정무**직
  - 선거
  - 국회 동의
  - 고도의 정책결정
- **별정**직
  - 보좌
  - 특정업무

(2) 국가 VS 지방

	국가공무원	지방공무원
법적근거	국가공무원법 등	지방공무원법 등
임용권자	대통령, 국회의장, 대법원장, 중앙선거관리위원장, 헌법재판소장 등	지방자치단체의 장
보수재원	국비	지방비
공무원 구분	경력직 공무원 — 일반직 / 특정직 특수경력직 공무원 — 정무직 / 별정직	경력직 공무원 — 일반직 / 특정직 특수경력직 공무원 — 정무직 / 별정직

❷ 계급제 VS 직위분류제

계급제 VS **직위분류제**

사람 중심
신분·경력·자격

직무 중심
종류·곤란성·책임도

가등급 나등급 다등급

계급제	직위분류제
사람의 자격과 능력	직무곤란성과 책임성
수직적 폐쇄성	수평적 폐쇄성
폐쇄형 충원	개방형 충원
일반행정가 양성	전문가 양성
신분보장 용이	신분보장 불리
탄력적 인사관리	비탄력적 인사관리
연공급	직무급

3 직위분류제

(1) 주요 개념

(2) 직무분류 단계

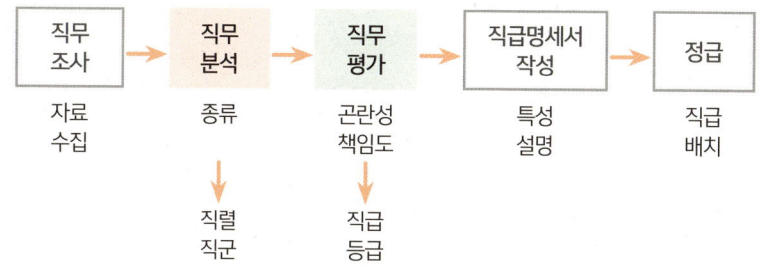

(3) 직무평가 방법

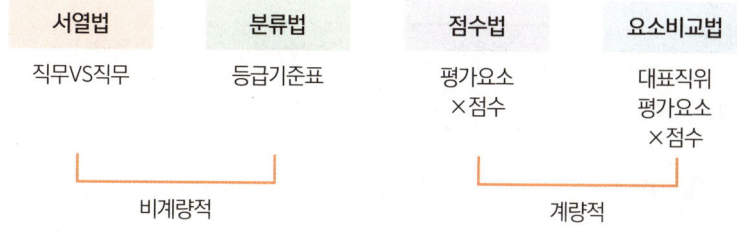

점수법

평가직위	평가요소	비중	단계		
			1	2	3
개별직위	응용력	50	50	100	150
	육체노력	30	30	60	90
	위험성	20	20	40	60

요소비교법

평가요소 대표직위	응용력		육체노력		위험성	
	서열	요소 보수	서열	요소 보수	서열	요소 보수
대표직위 A	1	100	3	30	2	30
대표직위 B	2	150	1	10	3	45
대표직위 C	3	200	2	20	1	10

PART 4

- CHAPTER 1 공무원 분류
- **CHAPTER 2 공무원 임용**
- CHAPTER 3 공무원 관리
- CHAPTER 4 공무원 통제

1 임용이론

(1) 엽관제 VS 실적제

엽관제 → 펜들턴법 → 실적제

- 엽관제: 정당에 대한 충성도·공헌도
  - 👍 민주주의 증진
  - 👎 부패, 매관매직 / 전문성 ×, 일관성 × / 정치적 중립 ×
- 실적제: 개인의 성적·능력·자격
  - 능률성, 안정성, 기회균등
  - 경직적 인사 / 민주적 대응성 약화 / 사회적 약자 불리

(2) 직업공무원제

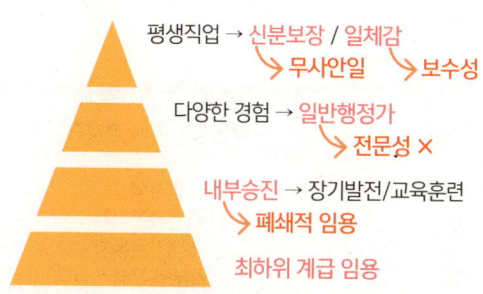

- 평생직업 → 신분보장 / 일체감
  - ↳ 무사안일 ↳ 보수성
- 다양한 경험 → 일반행정가
  - ↳ 전문성 ×
- 내부승진 → 장기발전/교육훈련
  - ↳ 폐쇄적 임용
- 최하위 계급 임용

(3) 대표관료제

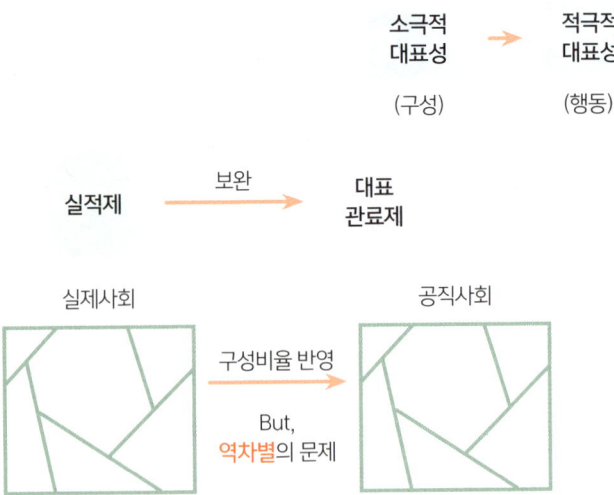

2 중앙인사기관

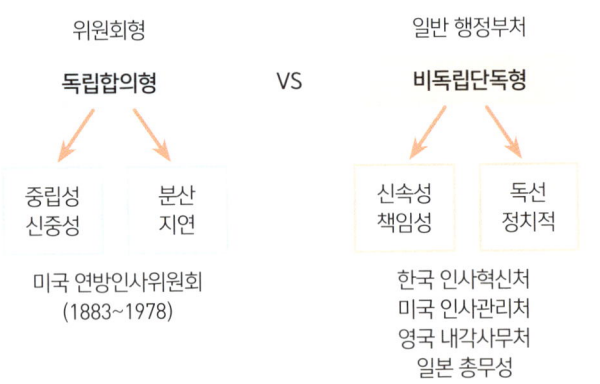

3 내부임용

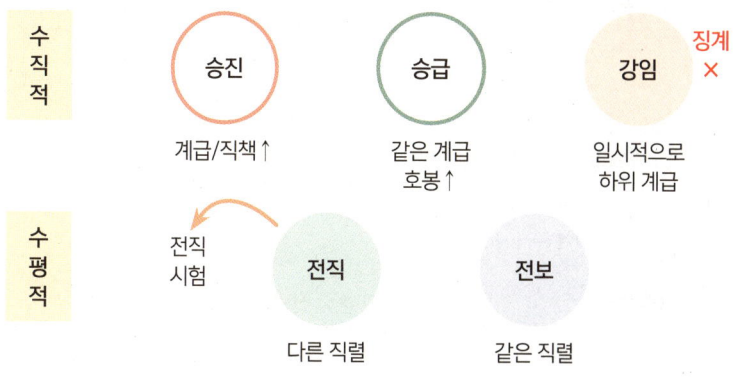

4 채용시험

(1) 타당도

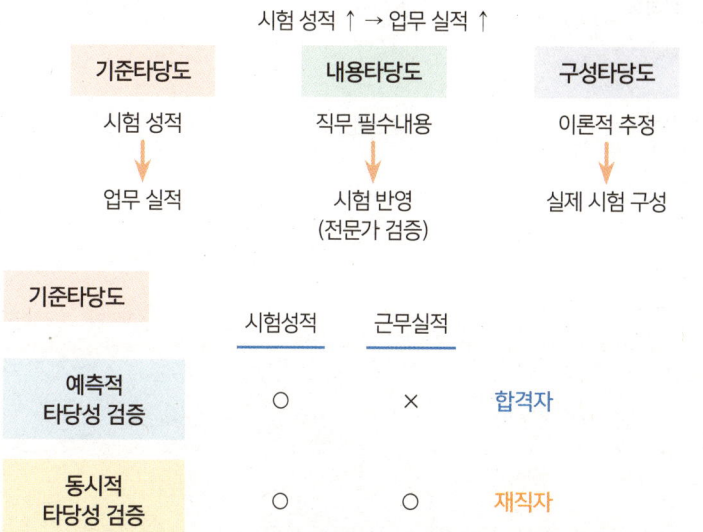

(2) 신뢰도

재시험법 → 일관성 × 신뢰도 ×

1회차   2회차
95점   70점

복수양식법 → 일관성 × 신뢰도 ×

가책형   나책형
95점   70점

이분법 → 일관성 × 신뢰도 ×

1~10번   11~20번
95점   70점

(3) 타당성과 신뢰도의 관계

신뢰도 ↓	→	일관성 ↓	→	타당성 ↓
신뢰도 ↑	→	일관성 ↑	→	타당성 ??

PART 4

- **CHAPTER 1** 공무원 분류
- **CHAPTER 2** 공무원 임용
- **CHAPTER 3** 공무원 관리
- **CHAPTER 4** 공무원 통제

1. 교육훈련

현장 훈련 (OJT)

교육원 훈련 (OFFJT)

감수성 훈련 → 정서, 경청

A그룹 → ● ● → 복귀
　　　　　●

액션 러닝 → 현안문제 해결 (관리자급)

2. 경력개발의 원칙

- **인재 양성** — 외부영입 ✕
- **직무 중심** — 직급중심 ✕
- **자기 주도** — 조직주도 ✕

3 근무성적평정

(1) 유형

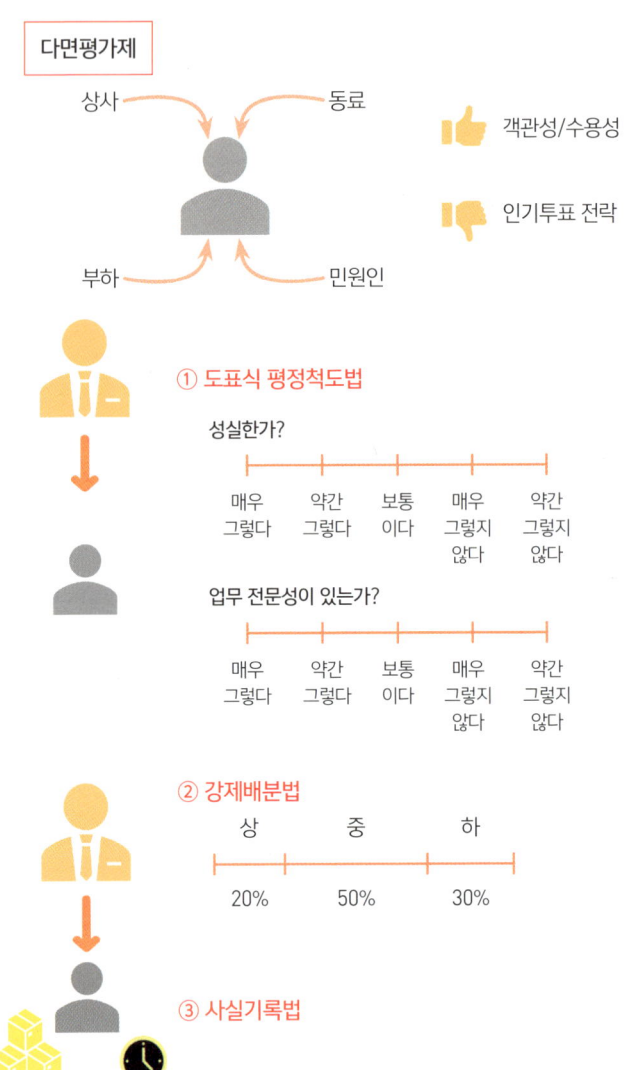

 ④ 서열법

 ⑤ 목표관리제평정법

⑥ 체크리스트법

	YES	NO
근태	✓	
대인관계	✓	
전문성		✓
용모단정		✓

⑦ 강제선택법

소속 공무원을 가장 잘 나타내는 문장을 하나만 고르시오.

1. 업무처리를 지연하지 않는다.
2. 자부심을 갖고 업무를 수행한다.
3. 민원인 응대가 친절하다.

⑧ 중요사건기록법

1. 민원인과의 전화 통화 중, 말다툼을 심하게 한 사건(24.3.13)

2. B부처와의 업무 충돌 시, 적극적으로 나서서 문제를 해결한 사건(24.8.17)

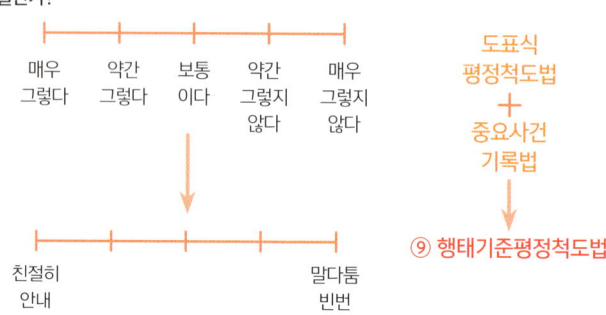

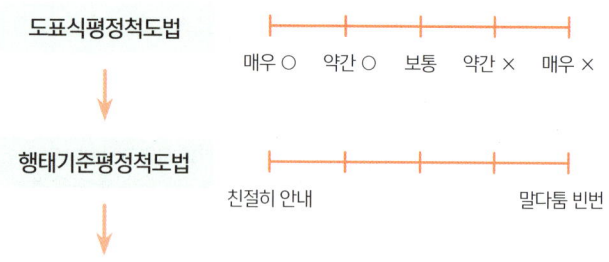

(2) 근무성적평정의 오류

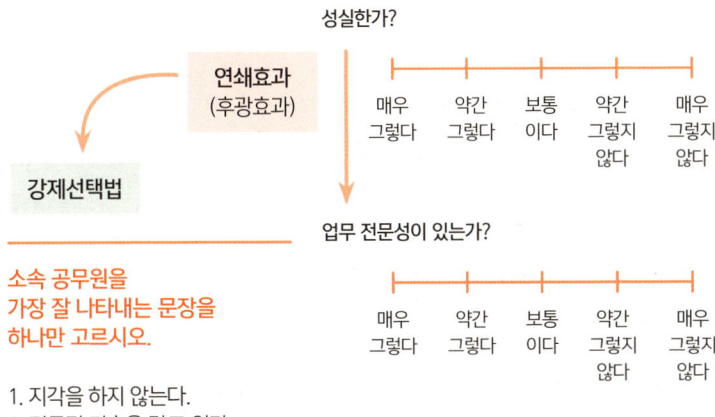

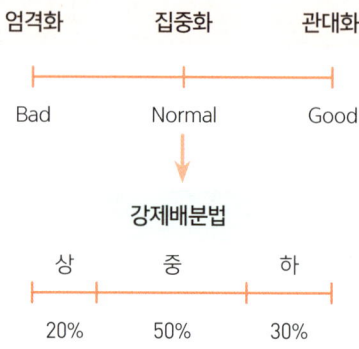

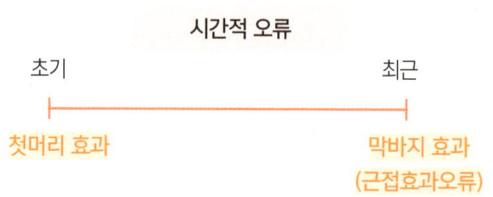

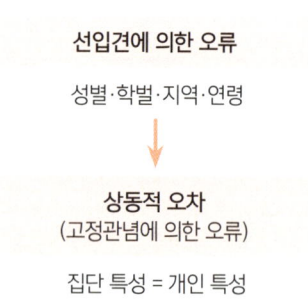

(3) 우리나라 근무성적평정 제도

	성과계약 등 평가	근무성적평가
대상	4급 이상 공무원	5급 이하 공무원
시기	연 1회	연 2회

4 새로운 인사관리

(1) 개방형 임용

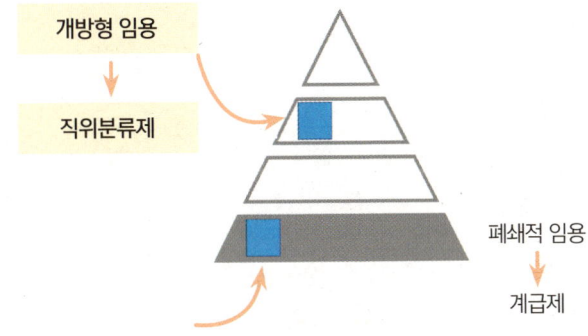

개방형 직위	공모직위
공무원 + 민간인	Only 공무원
고도의 전문성 효율적 정책수립	효율적 정책수립 또는 관리
고공단 20% 과장급 20%	고공단 30% 과장급 20%

(2) 고위공무원단

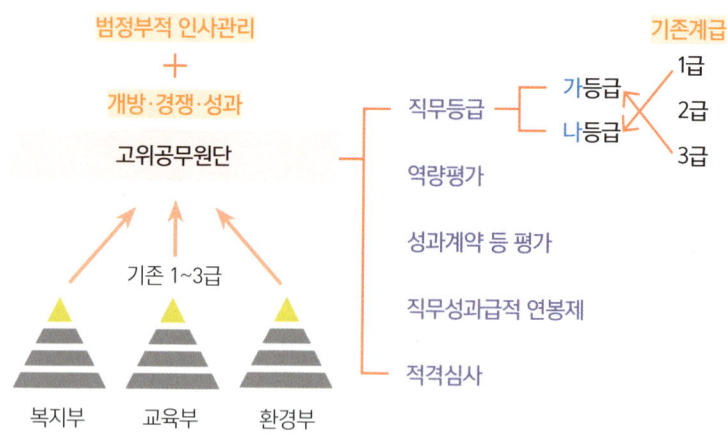

(3) 유연인사제도

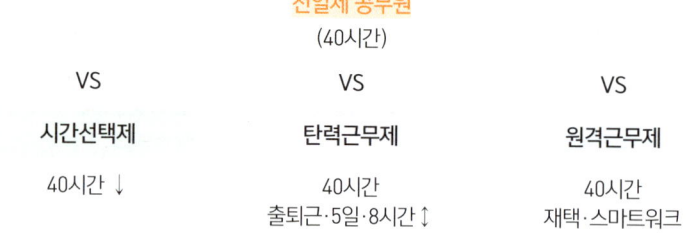

(4) 총액인건비제도

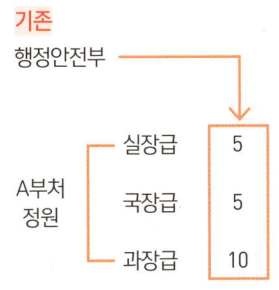
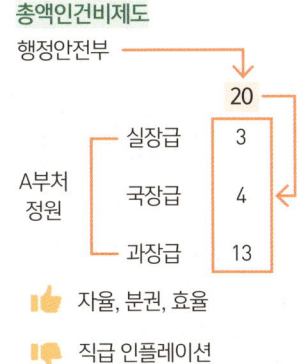

👍 자율, 분권, 효율

👎 직급 인플레이션

(5) 전략적 인적자원관리

전통적 인적자원관리	VS	전략적 인적자원관리
인사관리방식 개별적 접근		거시적 시각에서 통합적 접근 전략기획과 연계 인적자본의 개념 → 투자와 개발

(6) 다양성 관리

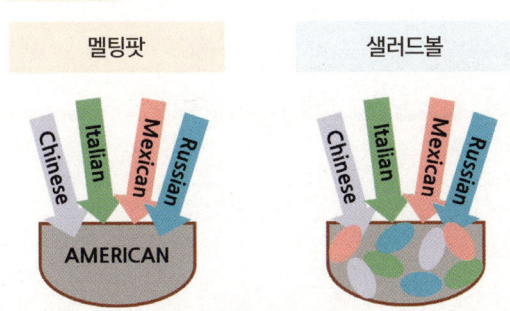

5 사기 관리

(1) 보수

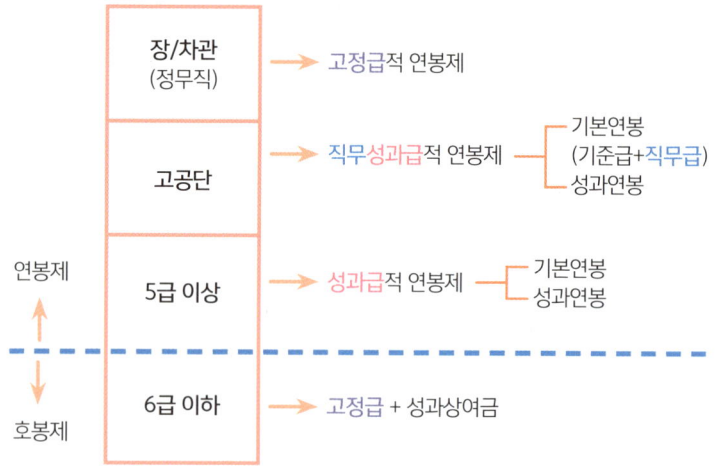

(2) 연금

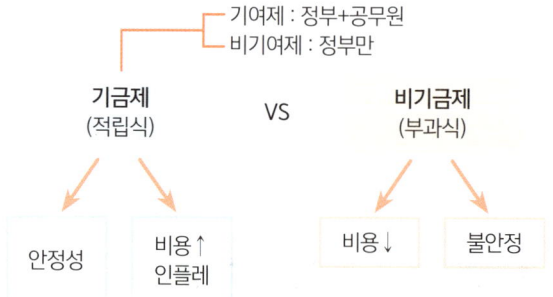

2015년 연금개혁

납부기한 : 33년 → 36년
기여율 : 7% → 9%

10년 이상
65세

지급률 : 1.9% → 1.7%
상한 : 평균기준소득월액
1.8배 → 1.6배

(3) 제안제도

창의적 제안 → 뚜렷한 실적 → 상여금/특별승진/승급

PART 4

- CHAPTER 1 공무원 분류
- CHAPTER 2 공무원 임용
- CHAPTER 3 공무원 관리
- **CHAPTER 4 공무원 통제**
  - 1 행정윤리와 통제
  - 2 법률적 통제

1 부패의 유형

① 부패의 주체

개인 부패 VS 조직 부패

② 부패의 구조화 정도

일탈형 부패 VS 제도적 부패

특정업소만 단속 제외 / 언제나 커미션

③ 거래여부

거래 VS 비거래

뇌물 ⇄ 특혜 / 공금횡령

④ 관용 정도

백색 부패 VS 회색 부패 VS 흑색 부패

선의의 거짓말 / 과도한 선물 수수 / 심각한 위법행위

2 행정윤리와 행정책임

① 행정윤리

의무론	VS	결과론
반드시 해야 할 것		결과가 중요

② 행정책임

제도적 책임성	VS	자율적 책임성
제도적 통제 타율적/수동적		윤리와 내적가치 자발적/적극적

파이너	VS	프리드리히
외부통제(타율)		내부통제(자율)

듀브닉과 롬젝

	내부통제	외부통제
높은 통제수준	관료적 책임성	법적 책임성
낮은 통제수준	전문가적 책임성	정치적 책임성

③ 행정통제

• 길버트의 분류

	내부	외부
공식	· 행정수반(대통령·국무총리) · **독립통제기관**(감사원) · 중앙행정기관(**국민권익위**) · **교차기능조직**(법제처·인사처) · 계층제(상관) · 인사관리제도(평가)	· **입법부(국회)** · 사법부(대법원·헌재) · **옴부즈만**
비공식	· 동료집단/행정윤리	· 시민/언론/이익집단/정당

독립통제기관

대통령

독립
통제기관

일반행정기관

외부통제기관

교차기능조직

A부처   B부처

인사 ← 인사 ——— 인사처

법령 ← 법령 ——— 법제처

국회 인사청문회

| 인사청문
특별위원회 | VS | 소관상임위
인사청문회 |

국무총리 등
임명동의 필수

각부 장관 등
대통령이 따를 법적 의무 ×

옴부즈만 & 국민권익위

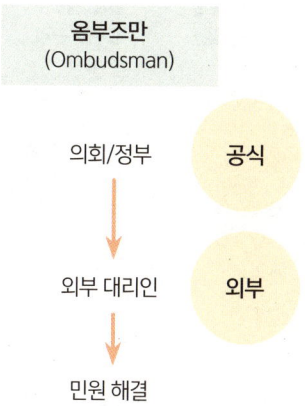

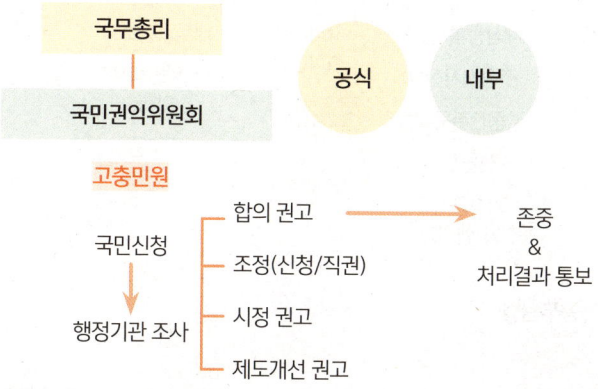

PART 4

- CHAPTER 1 공무원 분류
- CHAPTER 2 공무원 임용
- CHAPTER 3 공무원 관리
- **CHAPTER 4 공무원 통제**
  - 1 행정윤리와 통제
  - **2 법률적 통제**

법률적 통제

국가 공무원법	공직자 윤리법	이해충돌 방지법	부패 방지법	청탁 금지법
13대 의무	재산등록·공개 주식백지신탁 부동산취득제한 선물신고 퇴직공직자 취업·행위제한	사적이해 회피신청	내부고발보호 비위면직자 취업제한 공무원 행동강령	부정청탁금지 금품수수금지

1 국가공무원법

직장이탈 금지
공무원 구속
→ 미리 통보
(현행범 제외)

비밀 엄수
퇴직 후에도

청렴
사례·증여·향응 ×
(상관 증여 ×)

외국정부 영예
대통령 허가 필수

영리·겸직 금지
기관장 허가
→ 겸직 가능

정치운동 금지
정당 가입 ×

집단행위 금지
노동운동 ×

2 공직자 윤리법

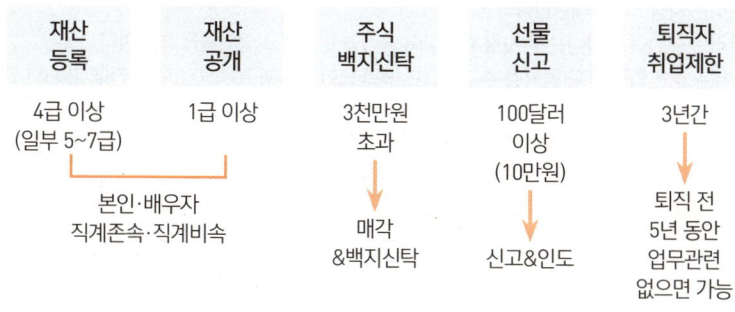

3 이해충돌방지법

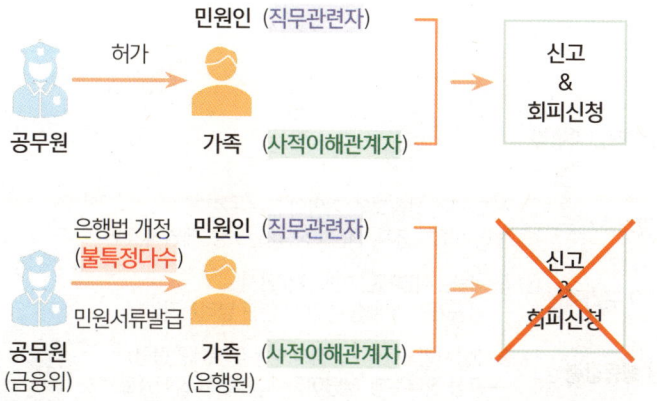

④ 공무원 헌장

대통령 훈령(내부규칙)

우리는 자랑스러운 대한민국의 공무원이다.
우리는 헌법이 지향하는 가치를 실현하며 국가에 헌신하고 국민에게 봉사한다.
우리는 국민의 안녕과 행복을 추구하고 조국의 평화 통일과 지속 가능한 발전에 기여한다.

이에 굳은 각오와 다짐으로 다음을 실천한다.
하나. 공익을 우선시하며 투명하고 공정하게 맡은 바 책임을 다한다.
하나. 창의성과 전문성을 바탕으로 업무를 적극적으로 수행한다.
하나. 우리 사회의 다양성을 존중하고 국민과 함께 하는 민주 행정을 구현한다.
하나. 청렴을 생활화하고 규범과 건전한 상식에 따라 행동한다.

⑤ 부패방지권익위법

내부고발보호제도	신고의무, 성실의무, 기명의 문서 + 증거 불이익조치 금지, 신분보장, 비밀보장, 책임의 감면
비위면직자 취업제한	5년 동안 취업제한기관 취업 금지 → 공공기관, 부패행위 기관, 연관 영리사기업체
공무원 행동강령	부패방지법 근거 → 공직자 행동강령(대통령령) → 공정 직무수행, 부당이득 ×, 건전한 공직풍토

6 청탁금지법

부정청탁 금지 행정기관, 지자체, 공직유관단체, 학교, 언론사

금품수수 금지 직무 관련 → 대가성 불문 ×

예외

	기존(2018)	변경(2023)
음식물	3만 원	3만 원
선물	5만 원 단, 농수산물·가공품 : 10만 원 (특정명절기간 : 20만 원)	5만 원 단, 농수산물·가공품 : 15만 원 (특정명절기간 : 30만 원)
	· 금전 불가 · 유가증권 불가	· 금전 불가 · 일부 상품권을 제외한 유가증권 불가
경조사비	5만 원	5만 원
	단, 화환·조화 : 10만 원	단, 화환·조화 : 10만 원

7 징계 및 신분변경

중징계	파면	· 강제 퇴직 + · 5년간 공무원 ×	· 퇴직급여의 1/2 감액
	해임	· 강제 퇴직 + · 3년간 공무원 ×	· 퇴직급여 전액 지급
	강등	· 1계급 강등 + · 3개월 정직	· 정직 기간 중 보수 전액 감액 · 공무원 신분 유지
	정직	· 1~3개월 정직	· 정직 기간중 보수 전액 감액 · 공무원 신분 유지
경징계	감봉	· 1~3개월 감봉	· 보수의 1/3 감액
	견책	· 훈계와 회개	-

직위해제
업무 배제

직무수행 능력 부족
중징계 의결 중
형사 사건으로 기소
고공단 → 적격심사 요구
중대비위 → 수사 중

직권면직
신분 박탈

폐직 또는 과원
휴직 끝 → 복귀×
직위해제 → 능력 향상×
전직시험 세 번 이상 불합
고공단 → 부적격 결정

8 소청심사제도

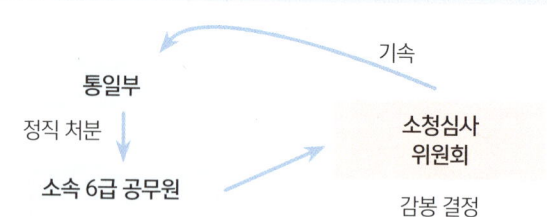

9 정치적 중립

국가공무원법 금지사항

정당 결성·가입
투표 권유
서명 운동
문서·도서 게시
기부금 모집
정치단체 가입 권유 운동

10 공무원 노동조합

단체**구성권**

전계급
(관리자급 제외)

단체**교섭권**

노동조합
보수
복지
근무조건

단체**행동권**

파업불가

PART 5

재무

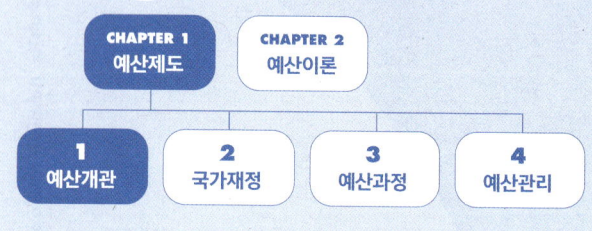

1 예산의 의의

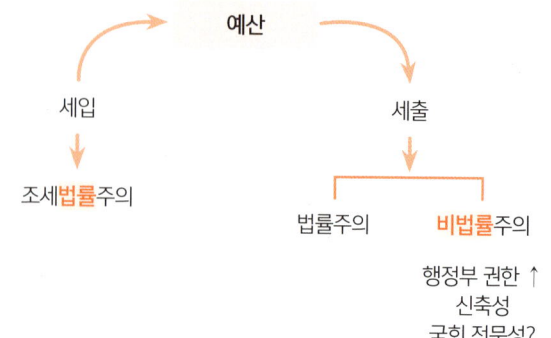

		법률	예산
공통점		국회의결로 확정, 국가기관에 대한 효력 발생	
차이점	제출권	정부와 국회 모두 가능	오직 정부만 가능
	효력발생요건	국회의결 후 공포	국회의결
	국회심의거부	가능	사실상 불가
	대통령 거부권 행사	가능	불가
	제출시한	제한 없음	제한 있음
	효력대상	국가기관과 국민	국가기관에만
	효력기간	폐지 시까지	1년으로 한정

2 정부재정기능(머스그레이브)

자원배분   소득분배   경제안정

PART 5

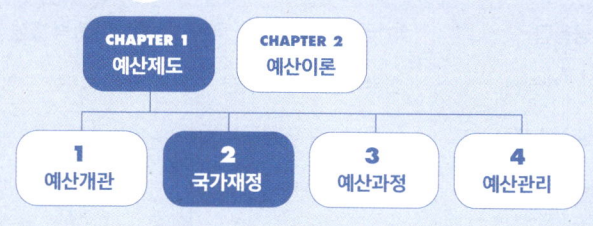

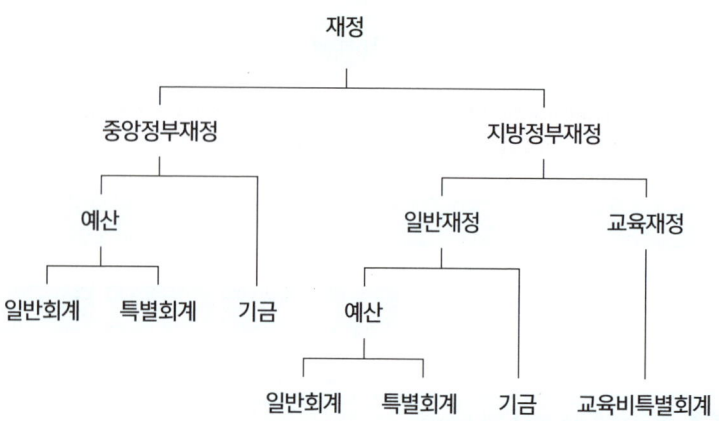

1 일반회계

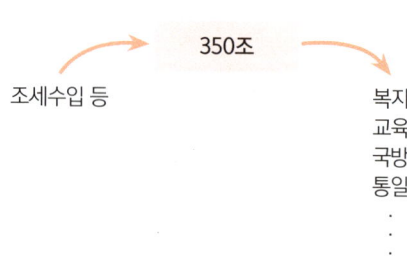

2 특별회계

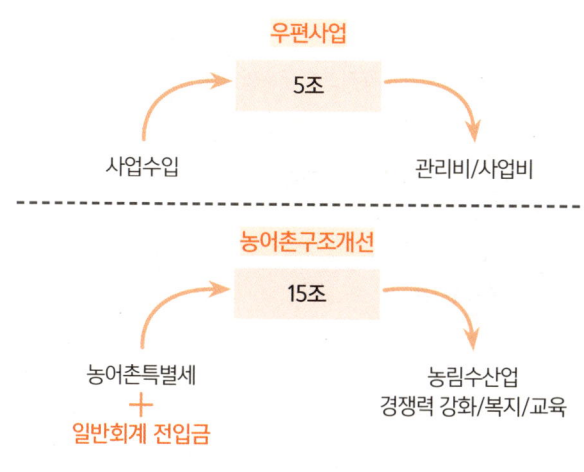

우편사업 5조
사업수입 → 관리비/사업비

농어촌구조개선 15조
농어촌특별세 + **일반회계 전입금** → 농림수산업 경쟁력 강화/복지/교육

요건
특정한 사업을 운영
특정한 자금을 보유하여 운용
특정한 세입으로 특정한 세출에 충당함으로써
일반회계와 구분하여 회계처리 할 필요

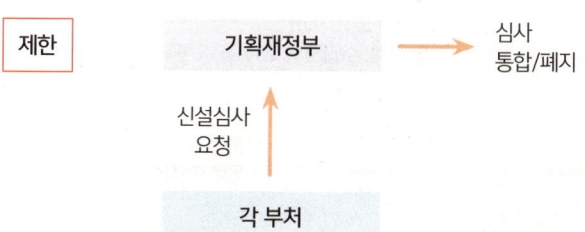

제한
기획재정부 → 심사 통합/폐지
↑ 신설심사 요청
각 부처

3 기금

요건: 특정한 목적을 위하여 특정한 자금을 신축적으로 운용할 필요

영화발전

2조

입장료
정부출연금
기부금
·
·
·

→ 영화 지원

기금운용계획 변경

- 가능
  - 원칙 : 국회 제출·심의 후 변경
  - 예외 : 국회 제출 없이 변경
    - 금융성 기금 외 : 2/10 이하
    - 금융성 기금 : 3/10 이하
    - 의무적 지출 금액, 수입계획 초과 등

제한

기획재정부 → 심사 / 운용 평가 / 통합·폐지

↑ 신설심사 요청

각 부처

기금운용심의회

4 통합재정수지

총수입	(경상수입 + 자본수입) + 융자회수
총지출	(경상지출 + 자본지출) + 융자지출

통합 재정수지	총수입 − 총지출 ⇒ 통합재정수입 − 통합재정지출 − 순융자

	구분	1986 GFSM(통합재정수지)	2001 GFSM(일반정부 재정수지)
중앙	회계	・일반회계 1개, 기타특별회계 15개, 기업특별회계 5개	좌동
	기금	・사업성 기금 등 58개	・**금융성기금 8개 추가** ・외국환평형기금 추가
	비영리 공공기관	제외	・**228개 기관 추가**
지방	회계	・일반회계 243개, 기타특별회계 1760개, 지방교육비특별회계 17개, 직영공기업특별회계 254개	좌동
	기금	・지방재정법 대상 2576개 전체	좌동
	비영리 공공기관	제외	・114개 공사・공단 추가
작성기준		현금주의	발생주의

5 정부가 동원하는 공공재원

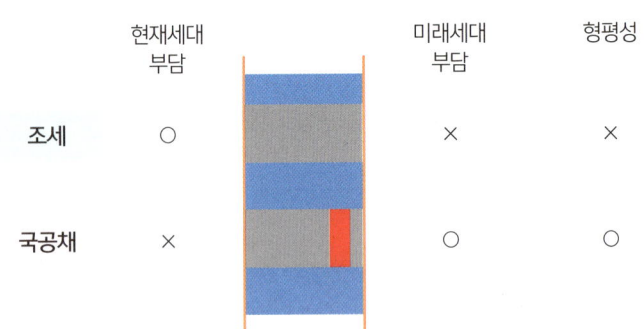

	현재세대 부담	미래세대 부담	형평성
조세	○	×	×
국공채	×	○	○

PART 5

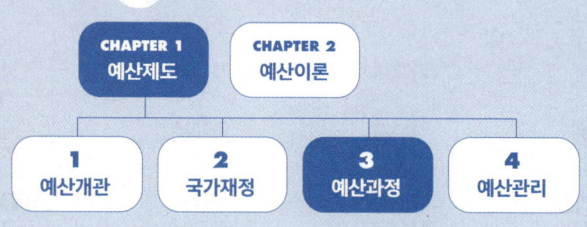

ⓞ 예산주기

① 예산의 종류

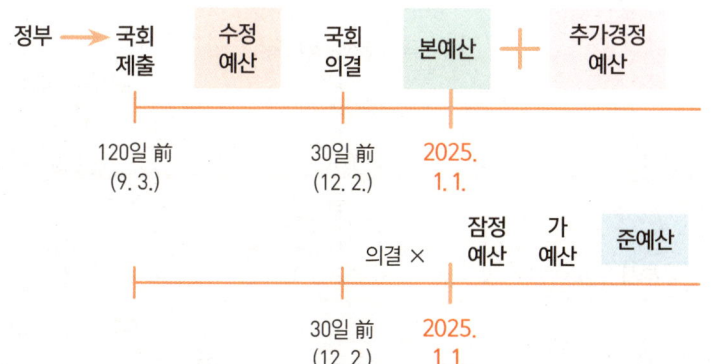

❷ 예산편성 절차

❸ 예산편성 방식

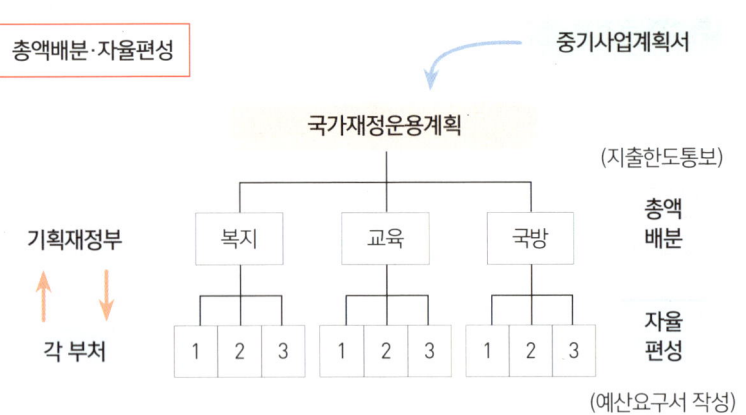

❹ 예산분류 방식

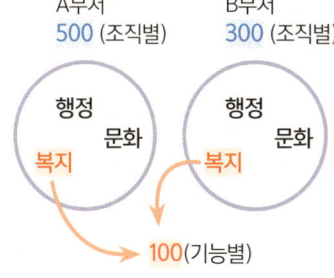

소관별	기능별(프로그램)					품목별	
	장	관	항	세항	세세항	목	세목
	분야	부문	프로그램	단위사업	세부사업		
문화체육관광부	문화 및 관광	문화예술부문	콘텐츠산업육성	문화콘텐츠산업육성	영상콘텐츠산업육성	여비	국내여비 국외여비
	3조	2조	5천억	3천억	3백억	5천만	2천/3천
	입법과목			행정과목			

5 예산심의 절차

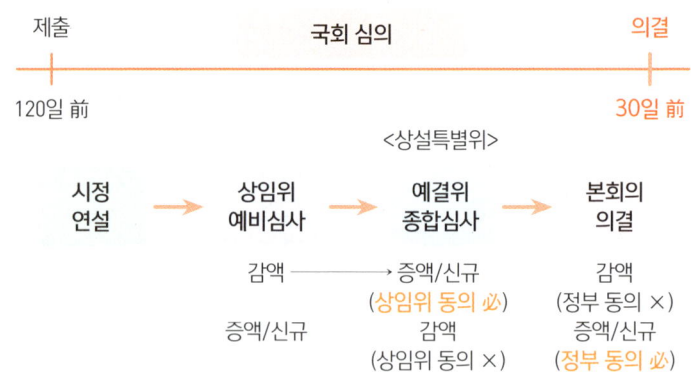

6 예산집행 절차

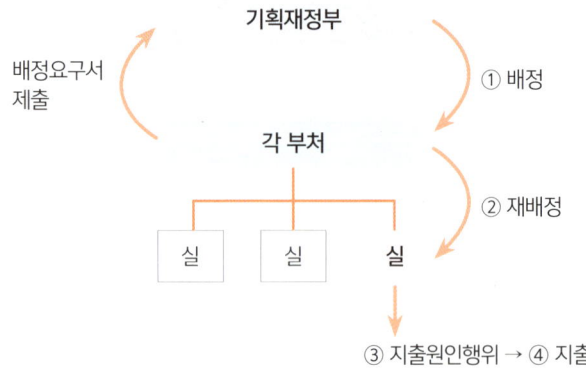

- **예산집행의 신축성 유지방안**

이용	장/관/항 상호융통	국회승인 ○
전용	세항/목 상호융통	✕
이체	조직폐지 등	✕
예비비	예측 못 한 사태 대비 (일반회계 1/100 이내)	○
계속비	수년 간 지출	○
명시이월	다음 년도까지 지출	○
사고이월	불가피한 사유로 이월	✕

7 결산 과정

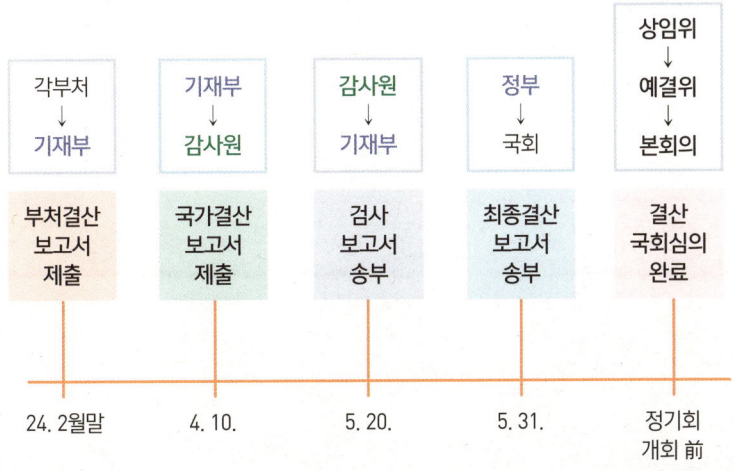

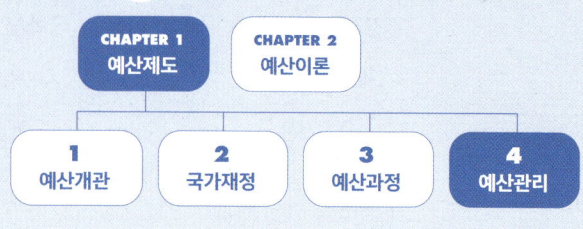

1 재정건전성의 확보

① 조세지출예산제도

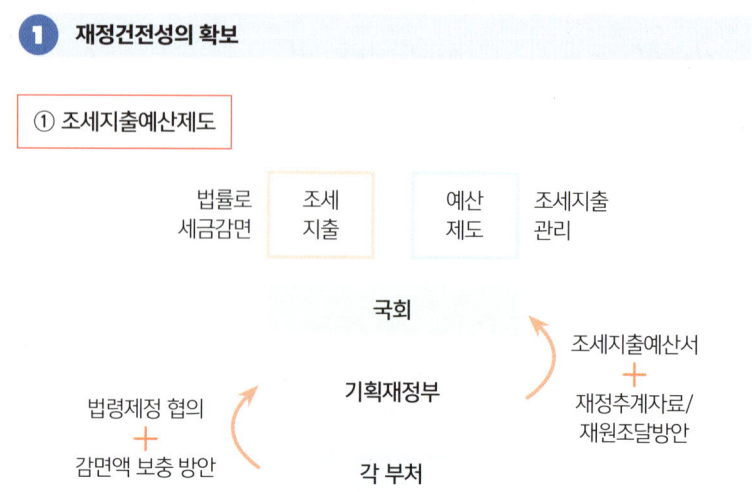

② **예비타당성조사**

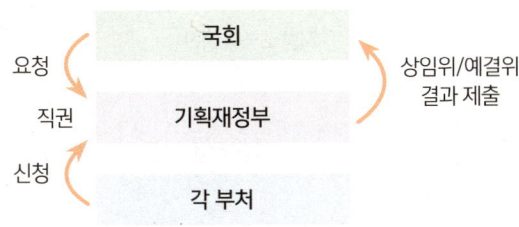

총사업비 500억 이상 & 재정지원 300억 이상
경제성 + 정책적 타당성

예외사업
문화재 복원, 국가안보, 재난복구, 단순유지보수 등

③ **총사업비 관리제도 & 타당성 재조사 제도**

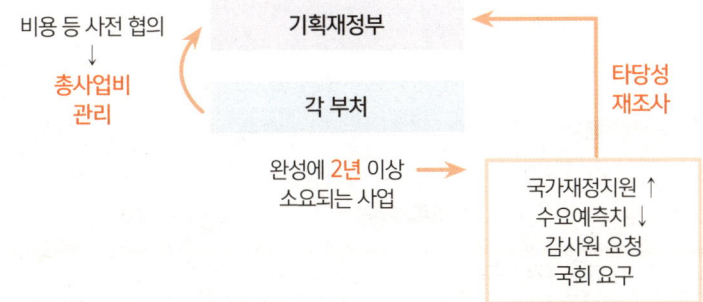

④ 세계잉여금 관리

2 성과관리제도

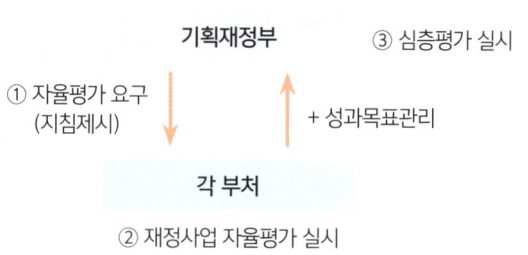

③ 성평등 관리

성인지 예산제도

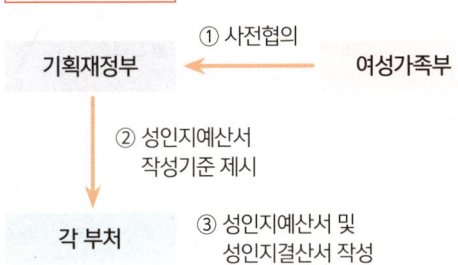

④ 온실가스 관리

온실가스감축인지 예산제도

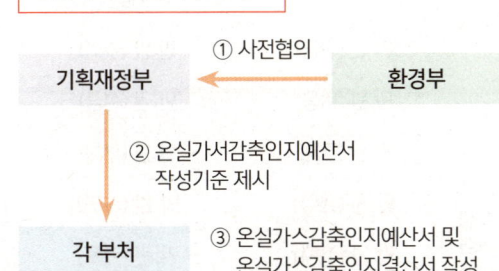

5 거시경제 관리

자본예산제도

자산↑   부채↑ → 복식부기

2024년   2026년

도로건설   부채상환

100억 부채
(적자예산) → **인플레이션**

6 정부회계 관리

단식부기

현금주의

+ 만 원 (수입)
− 만 원 (지출)
+ 만 원 (국채)
−
−

복식부기

	차변	대변
	만 원 (현금)	만 원 (수익)
	만 원 (비용)	만 원 (현금)
	만 원 (국채)	만 원 (부채)
발생주의	만 원 (계약)	만 원 (카드)
	만 원 (고지)	만 원 (카드)

PART 5

- CHAPTER 1 예산제도
- **CHAPTER 2 예산이론**

1 예산의 원칙

고전적 원칙	VS	현대적 원칙
노이마르크 통제 중심 입법부 우위		스미스 관리 중심 행정부 우위

• 고전적 예산의 원칙

	내용	예외
예산완전성 (총계주의)	모든 세입·세출 → 예산 포함	수입대체경비, 현물출자, 전대차관, 차관물자대
예산 단일	일반회계만	특별회계, 기금, 추경
예산 통일	특정수입-지출 연계×	특별회계, 기금, 목적세
예산 한정성	목표·규모·시간	이용, 전용, 예비비
예산 사전의결	입법부 의결 필요	준예산, 긴급명령
예산 명확성	국민의 명쾌한 이해	총액계상예산
예산 투명성	국민에게 공개	국정원 예산

2 예산결정이론

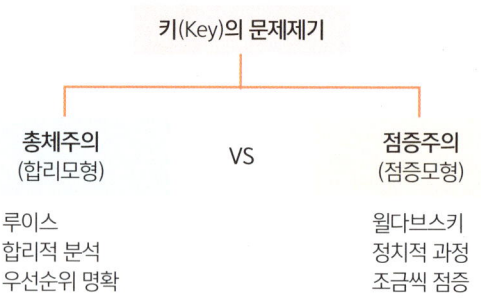

| 정책의 창 모형 (킹던) | + | 실시간 예산운영모형 (루빈) | → | 다중합리성 모형 (서메이어·윌로비) |

의사결정 흐름	예산 정치
세입흐름	설득
세출흐름	선택
예산균형흐름	제약조건
예산집행흐름	책임성
예산과정흐름	어떻게·누가

3 예산개혁이론

1세대 (1887~1930)	2세대 (1930~1970)		3세대 (1970~1990)	
품목별 예산 (LIBS)	성과주의 예산 (PBS)	계획 예산 (PPBS)	영기준 예산 (ZBB)	신성과 예산 (NPBS)
통제	관리	기획	감축	결과
투입 중심	사업 중심	기획과 예산 연계	원점에서 재검토	성과에 대한 계약
자의적 행정 방지	단위원가 × 업무량	정부 영향력 극대화	분권화된 관리	결과에 대한 책임

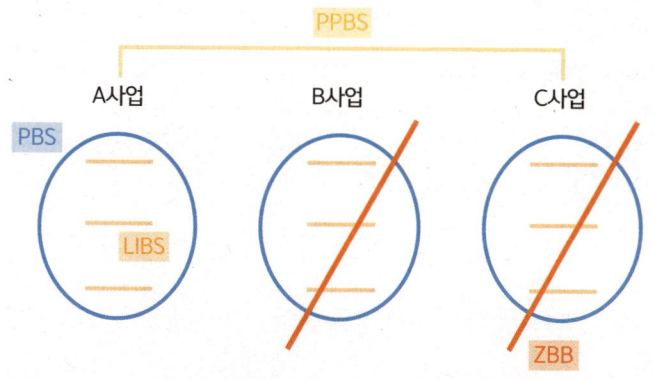

PART

6

지방

PART 6

- **CHAPTER 1** 지방자치 개관
- **CHAPTER 2** 자치단체구역
- **CHAPTER 3** 자치권
- **CHAPTER 4** 주민참여

1 지방자치의 목적

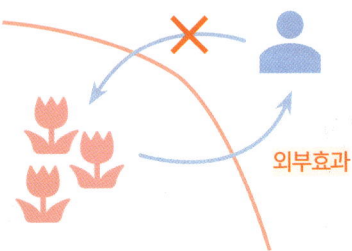

2 지방자치의 구분

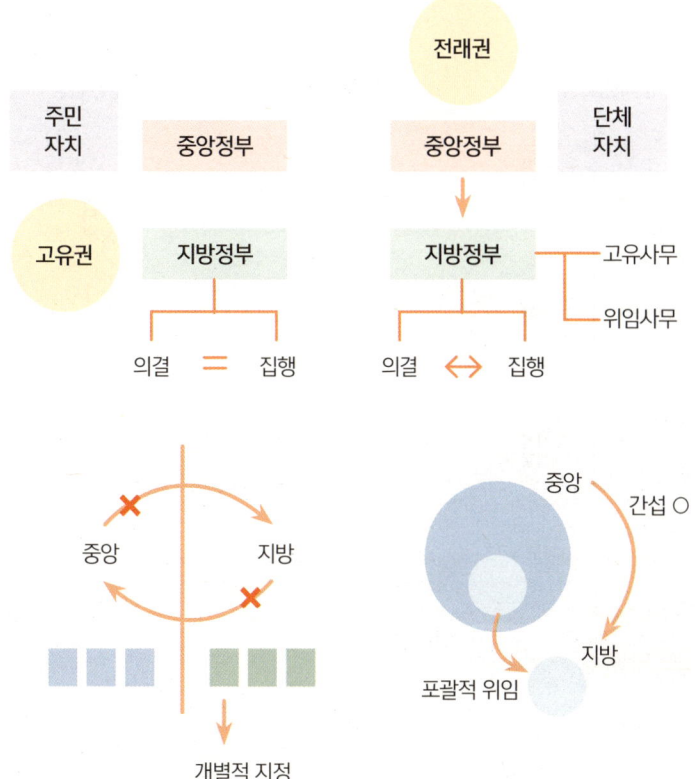

3 정부 간 관계

(1) 라이트의 모형

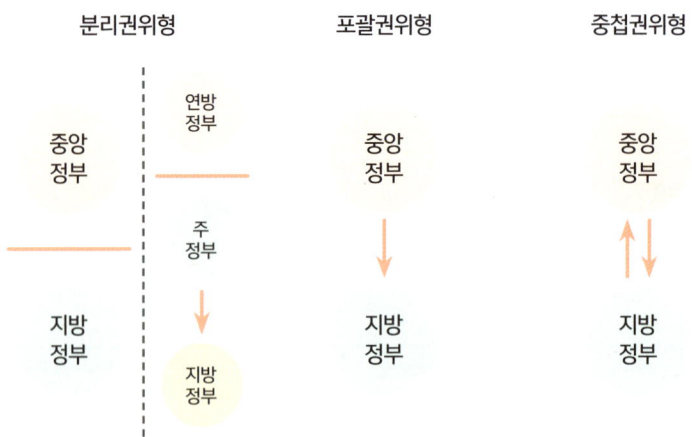

(2) 로즈의 모형

(3) 보충성의 원칙

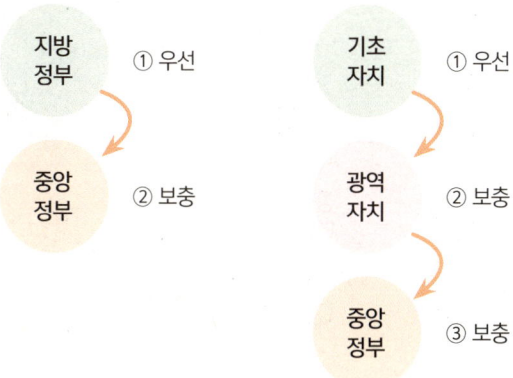

(4) 지방분권균형발전법

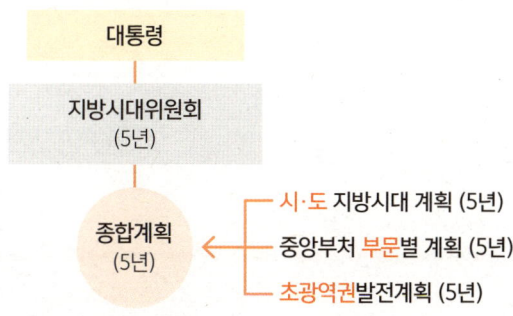

❹ 지방정치 이론

도시한계론		성장기구론		레짐이론	
성장 정책	VS 재분배 정책	성장 연합	VS 반성장 연합	기업	But 변화가능
		교환 가치	사용 가치		

성장기구론 ← 비판 ― 레짐이론

PART 6

- CHAPTER 1 지방자치 개관
- **CHAPTER 2 자치단체구역**
- CHAPTER 3 자치권
- CHAPTER 4 주민참여

자치단체 계층구조

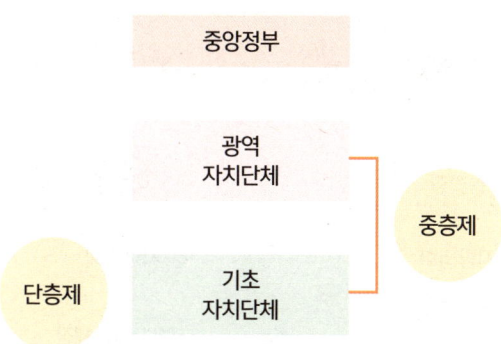

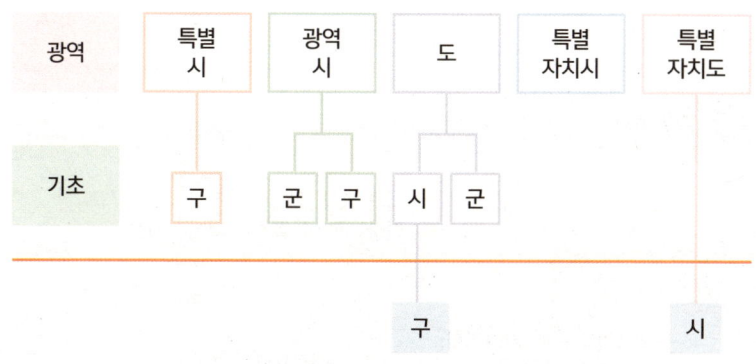

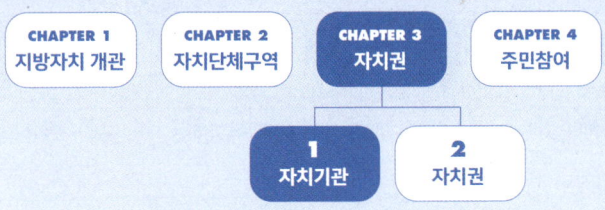

① 기관구성의 유형

기관 통합형	VS	기관 대립형	
지방의회		지방의회	의결
의결+집행		지방자치단체장	집행

② 지방의회

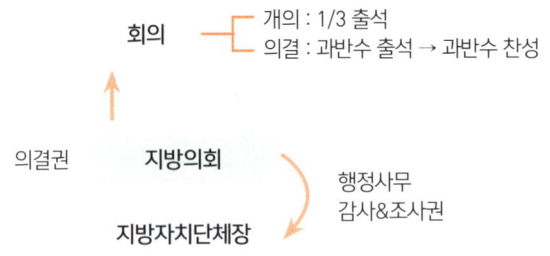

3 지방자치단체장

① 의안발의권
② 임시회 소집요구권
③ 재의요구권 및 제소권
④ 선결처분권
⑤ 준예산집행권
⑥ 지방채발행권

지방의회 ↔ 지방자치단체장 — 하부조직 / 소속기관

① 규칙제정권
② 관리집행권
③ 임면권

4 지방선거

이승만

장면 (동시 ×)

박정희

전두환

노태우

김영삼 ~ 윤석열 (동시 ○)

PART 6

- **CHAPTER 1** 지방자치 개관
- **CHAPTER 2** 자치단체구역
- **CHAPTER 3** 자치권
  - 1 자치기관
  - 2 자치권
- **CHAPTER 4** 주민참여

1 자치권의 유형

| 자치 입법권 | 자치 행정권 | 자치 재정권 | 자치 조직권 |

2 자치입법권

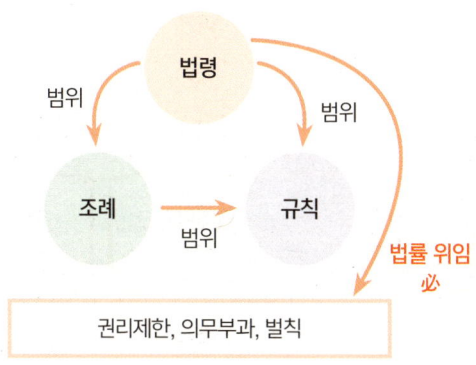

조례 위반 행위 → 조례로써 1천만 원 이하 **과태료**

조례안 제정 절차

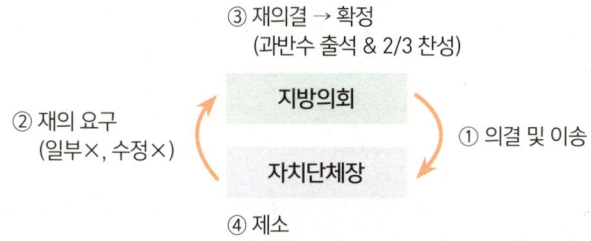

❸ 자치행정권

4 자치재정권

자주재원	VS	의존재원
① 지방세 ② 세외수입		① 지방교부세 ② 국고보조금 ③ 조정교부금 ④ 시·도비보조금

(1) 자주재원

① 지방세

구분	특별시· 광역시세	자치구세	도세	시·군세	특별자치시· 특별자치도
보통세 (9개)	레저세 취득세 지방소비세 담배소비세 주민세 지방소득세 자동차세	등록면허세 재산세	레저세 취득세 지방소비세 등록면허세	담배소비세 주민세 지방소득세 자동차세 재산세	레저세 취득세 지방소비세 담배소비세 주민세 지방소득세 자동차세 등록면허세 재산세
목적세 (2개)	지역자원시설세 지방교육세	-	지역자원시설세 지방교육세	-	지역자원시설세 지방교육세

② 세외수입

재산임대수입
사용료
수수료
이자수입
부담금
·
·
·

(2) 의존재원

① 지방교부세

보통 교부세	① 일반재원 → 용도 특정 × ② 정률분 교부세 총액의 97%
특별 교부세	① 특정재원 → 특별재정수요 ② 정률분 교부세 총액의 3%
부동산 교부세	① 일반재원 → 균형발전지원 ② 종합부동산세 총액
소방안전 교부세	① 특정재원 → 소방 및 안전시설 확충 ② 담배에 부과하는 개별소비세 총액의 45%

② 국고보조금

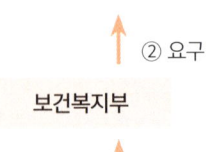

기획재정부

↑ ② 요구

보건복지부

↑ ① 신청

지방자치단체장

③ 조정교부금

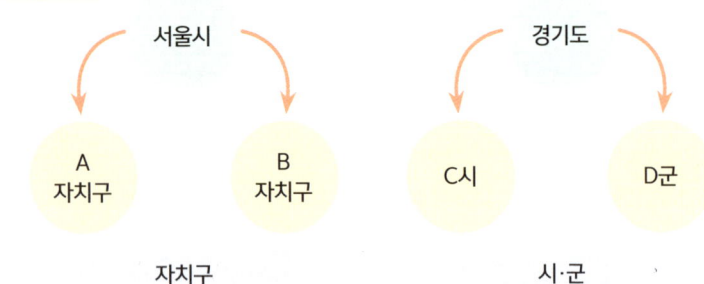

서울시 → A 자치구, B 자치구 : 자치구 조정교부금

경기도 → C시, D군 : 시·군 조정교부금

(3) 분권재정지표

재정 자립도	$\dfrac{\text{자체수입} \rightarrow \text{지방세+세외수입}}{\text{일반회계 세입총액}}$
재정 자주도	$\dfrac{(\text{지방세+세외수입})+(\text{지방교부세+조정교부금})}{\text{일반회계 세입총액}}$
재정력 지수	$\dfrac{\text{기준재정수입액}}{\text{기준재정수요액}}$

(4) 지방채

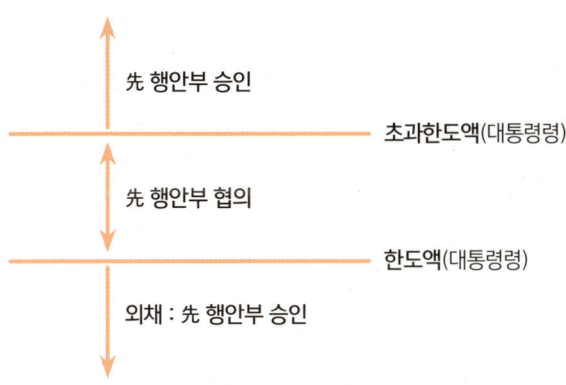

先 행안부 승인

———— 초과한도액(대통령령)

先 행안부 협의

———— 한도액(대통령령)

외채 : 先 행안부 승인

(5) 지방공기업

	행정안전부	
① 경영평가 ② 경영진단		③ 경영개선명령 ④ 해산요구

**지방
직영기업**

지자체 소속기관
↓
행정기관(공무원)

**지방공사
지방공단**

지자체 출자
↓
공무원 ×

5 자치단체 상호간 관계

일부사무 임시성	일부사무 지속성	광역사무 지속성
행정 협의회	**지방자치단체 조합**	**특별 지방자치단체**
의회 의결 × 상급기관 승인 ×	의회 의결 ○ 상급기관 승인 ○	의회 의결 ○ 행안부 승인 ○

6 중앙-지방 간 관계

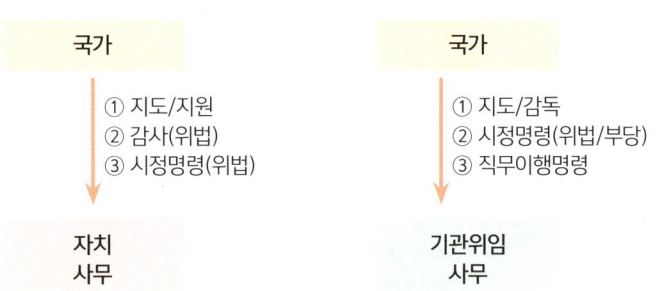

직무이행명령

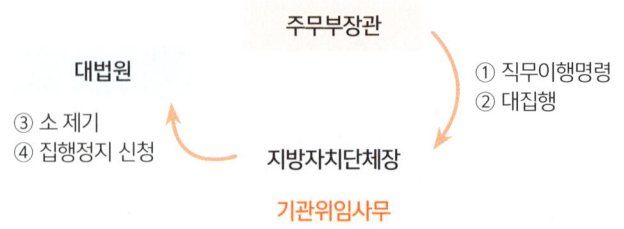

지방의회 의결의 재의·제소

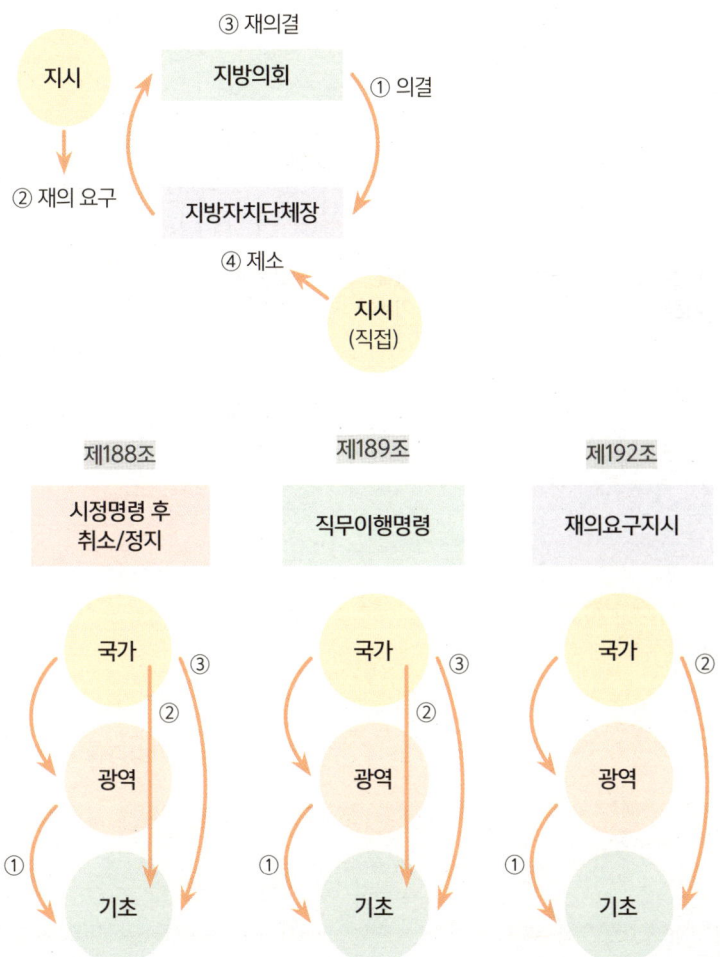

특별지방행정기관

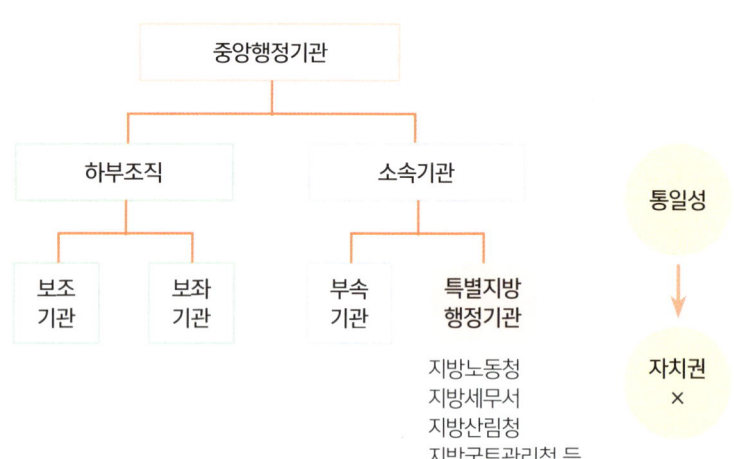

7 교육자치·경찰자치

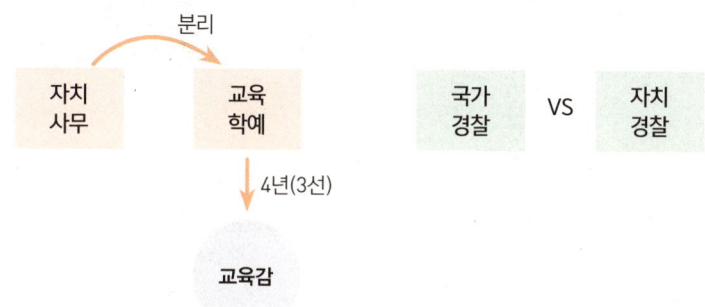

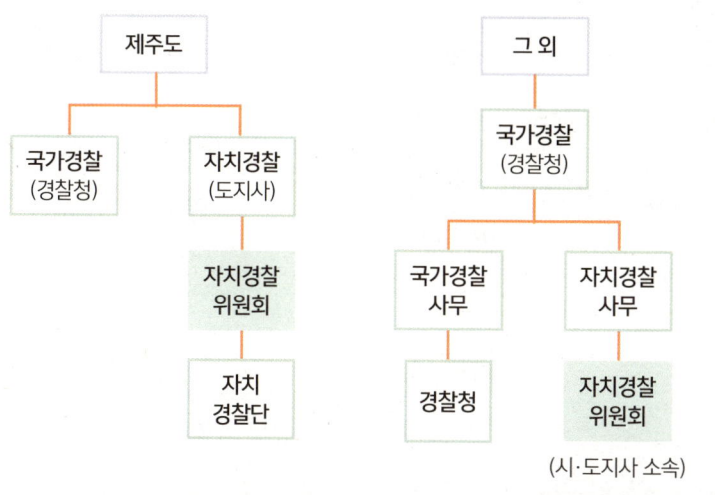

PART 6

CHAPTER 1 지방자치 개관　**CHAPTER 2** 자치단체구역　**CHAPTER 3** 자치권　**CHAPTER 4** 주민참여

한국의 주민참여제도

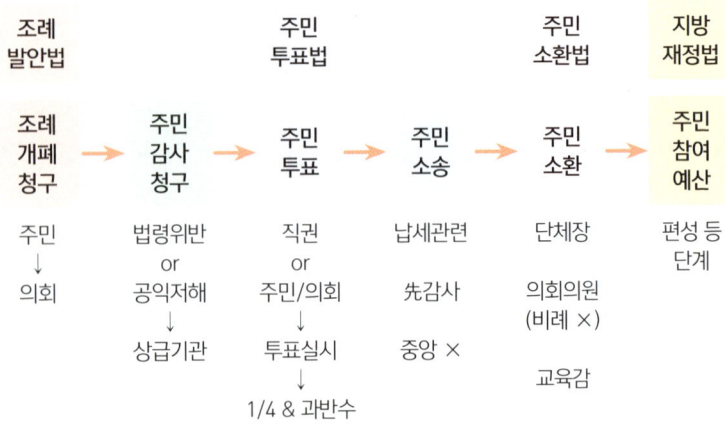